AF360627

LOI MILITAIRE

DE

L'EMPIRE D'ALLEMAGNE

TRADUITE ET ANNOTÉE

PAR

GEORGES DUBOIS

SUBSTITUT DU PROCUREUR GÉNÉRAL PRÈS LA COUR D'APPEL DE PARIS

Extrait de l'*Annuaire de Législation étrangère* pour l'année 1875

PARIS

A. COTILLON ET Cᶦᵉ, ÉDITEURS, LIBRAIRES DU CONSEIL D'ÉTAT

24, rue Soufflot, 24

—

1875

PARIS. — IMPRIMERIE ARNOUS DE RIVIÈRE ET Cᵉ, 26, RUE RACINE.

LOI MILITAIRE

DE

L'EMPIRE D'ALLEMAGNE [1]

Les principes qui dominent l'ensemble de la législation militaire de l'Allemagne ont été posés dans la loi du 9 novembre 1867 et dans les articles 57 et 59 de la Constitution du nouvel Empire (2). Ils se résument dans les termes suivants : Tout Allemand doit personnellement le service militaire ; la durée de ce service dans l'armée active est de sept années, dont trois passées sous les drapeaux et les quatre dernières dans la réserve ; chaque citoyen appartient, en outre, pendant les cinq années suivantes, à la *Landwehr ;* — soit un total de douze années de service, sans compter les obligations imposées, dans des circonstances exceptionnelles, au dernier ban qui a nom *Landsturm.*

Un paragraphe qui avait été ajouté, sur la proposition de M. de Forckenbeck, à l'article 61 de la Constitution de la Confédération de l'Allemagne du Nord, et qui fut reproduit dans la Constitution de l'Empire, annonçait la présentation au *Reichstag* et au Conseil fédéral d'un projet de loi militaire embrassant l'organisation de l'armée allemande dans son ensemble.

Avant que ce projet pût être mis à exécution, on reconnut la nécessité de décréter d'urgence des lois spéciales sur certains objets déterminés. Indépendamment de la loi du 9 novembre 1867 sur l'obligation du service militaire, et du Code pénal militaire du 20 juin 1872 (3), les principales questions relatives au logement des troupes en temps de paix, aux pensions et secours accordés aux militaires et marins, aux servitudes militaires dans le voisinage des forteresses et aux prestations de guerre, furent réglées par des dispositions législatives spéciales.

L'unité se trouva donc ainsi faite dans la législation militaire de l'Allemagne, en ce qui concerne ces matières. Aussi la nouvelle loi du 2 mai 1874 a-t-elle moins le caractère d'un Code général militaire que d'une loi organique, laissant subsister à ses côtés les lois spéciales antérieures, et laissant en même temps la porte ouverte à d'autres lois spéciales qui ne tarderont point à être promulguées pour régler de nouveaux points de

---

(1) *Reichs-Militärgesetz* (*Reichsgesetzblatt*, n. 15).

(2) Voir la traduction de cette Constitution, par M. Jozon, dans l'*Annuaire de législation étrangère* de 1872 (1re année).

(3) Voir la traduction de ce Code, par M. Ch. Lyon-Caen, dans l'*Annuaire de législation étrangère* de 1873 (2e année).

détail, tels que les prestations en nature auxquelles les troupes ont droit en temps de paix, et les secours à accorder aux familles des hommes en état de congé et des hommes de la réserve de remplacement appelés sous les drapeaux.

Le chancelier de l'Empire présenta au *Reichstag*, le 8 février 1874, le projet qui est devenu la loi du 2 mai, et qui ne comprenait, à ce moment, que 64 articles au lieu de 72 (1). L'ouverture de la discussion générale eut lieu le 16 février, et des discours importants furent prononcés par M. de Kameke, ministre de la guerre, ainsi que par M. de Moltke. Le projet fut renvoyé à une commission de vingt-huit membres, chargée de l'examiner et d'élaborer un rapport. A la suite du dépôt de ce rapport, la seconde délibération commença le 13 avril; elle occupa cinq séances.

Lors de la seconde délibération, comme au cours de la discussion générale et dans les discussions qui eurent lieu au sein de la commission, l'effort principal des divers adversaires du projet de loi se concentra sur l'article 1er, qui fixe le chiffre de l'effectif de paix de l'armée. On vit revivre une ancienne querelle qui avait commencé, dès 1867, à diviser les gouvernements confédérés et le Parlement : l'effectif de paix devait-il être déterminé une fois pour toutes et d'une manière définitive? Devait-il, au contraire, être fixé chaque année par la loi du budget? Les gouvernements insistaient pour la fixation d'un chiffre invariable; le Parlement résistait à cette prétention. La difficulté fut provisoirement tranchée au moyen d'un compromis : l'article 60 de la Constitution décida que, jusqu'au 31 décembre 1871, l'effectif de paix comprendrait un pour cent de la population, et qu'à partir de cette époque, il serait fixé par la législation de la Confédération ; en même temps, l'article 62 mettait à la disposition du roi de Prusse, chef de l'armée fédérale, jusqu'à la même date du 31 décembre 1871, une somme de 225 thalers (environ 844 fr.) par tête de soldat, calculée sur le pied de paix (2).

L'échéance du 31 décembre 1871 approchait, sans que le gouvernement impérial présentât le projet de loi annoncé par l'article 60 de la Constitution : pour se dispenser de remplir cette obligation, il invoqua l'état de transformation dans lequel l'armée allemande se trouvait à la suite de la guerre, et demanda au *Reichstag*, le 10 octobre 1871, de consentir à ce que l'effectif de paix continuât, jusqu'à la fin de l'année 1872, d'être établi sur les bases indiquées dans la Constitution. Un vote du Parlement, à la date du 1er décembre 1871, étendit cette mesure aux années 1873 et 1874. Mais, dans sa pensée, ce compromis ne devait avoir qu'un caractère temporaire.

En présentant le projet qui est devenu la loi du 2 mai 1874, les gouvernements confédérés prétendirent transformer ces mesures provisoires en un principe définitif. L'article 1er maintenait, pour l'effectif de paix, le

---

(1) Les articles 24 à 29, 37, 51, 59 et 69 du texte actuel de la loi ont été ajoutés. En revanche, l'article 37 du projet primitif a été supprimé, et l'article 48 refondu avec l'article précédent.

(2) Voir les articles 60 et 62 de la Constitution dans l'*Annuaire de législation étrangère de* 1872 (1re année).

chiffre de 401,659 hommes, qui représentait, d'après le recensement officiel de 1867, un pour cent de la population, « jusqu'à ce qu'il en fût autre- « ment ordonné par une loi » (*bis zum Erlasz einer anderweitigen gesetzlichen Bestimmung*).

Ce projet souleva les critiques les plus vives. On fit remarquer qu'en fixant ainsi d'une manière définitive l'effectif de paix, il ne tendait à rien moins qu'à annuler en fait les droits du *Reichstag* sur la détermination des budgets annuels, et à réduire le vote des crédits à une simple formalité.

Les partisans du projet du gouvernement répondaient que cette objection se réfutait par son exagération même, qu'en effet elle allait jusqu'à battre en brèche les principes mêmes de l'organisation générale des services publics : chacun de ces services comprend un personnel fixe, institué une fois pour toutes, et dont le fonctionnement entraîne nécessairement certaines dépenses annuelles ; le département de la justice, par exemple, se trouve, à cet égard, dans la même situation que celui de la guerre. D'ailleurs, ajoutait-on en faveur du projet, le Parlement conservera, dans les termes les plus absolus, le droit de fixer les dépenses ordinaires qui ne découlent pas directement de l'obligation d'entretenir l'effectif de paix, ainsi que toutes les dépenses extraordinaires. Enfin on insistait sur cette considération, que la fixation de l'effectif de paix n'est que la conséquence nécessaire de l'organisation des unités tactiques (bataillons, escadrons, batteries), organisation qui a un caractère purement technique, et qui ne peut être abandonnée aux variations de votes annuels, mais doit être établie d'une manière invariable, ainsi qu'il a été fait dans l'article 2 de la loi.

Déjà, dans la discussion générale, au mois de février, M. de Moltke avait instamment demandé que l'effectif de paix fût fixé pour un temps illimité, afin que les débats ne vinssent pas à renaître chaque année : en faisant varier périodiquement les chiffres, on risquerait de porter le trouble dans les vastes et nombreuses mesures préparatoires qui doivent être prises longtemps à l'avance dans leurs plus grands détails, pour permettre d'envisager l'avenir avec confiance ; chaque diminution dans l'effectif de paix réagirait sur douze années, la durée du service étant fixée à ce chiffre, et comme cet effectif n'est, en réalité, que la base de l'effectif de guerre et le moyen pratique d'en préparer les éléments, toute réduction de l'effectif de paix porterait atteinte à la somme totale des forces à mettre en ligne en cas de conflit armé.

Les divers partis représentés dans la commission proposèrent des amendements dont aucun ne fut accueilli par le gouvernement. La discussion qui s'éleva dans son sein fut, d'ailleurs, une discussion de principe plutôt qu'une discussion de fait ; elle porta sur une question de priviléges parlementaires, plutôt que sur la question proprement dite du chiffre de l'effectif et des charges budgétaires.

Il n'est point démontré, toutefois, que la question d'argent fût absolument étrangère aux préoccupations du gouvernement : le système transitoire inauguré en 1867 par la Constitution, et prorogé en 1871 par une loi spéciale, avait institué une sorte de forfait ou d'abonnement au profit du trésor, qui recevait 225 thalers par tête pour chacun des 401,659 hommes composant l'effectif de paix ; en fait, il réalisait un bénéfice de ce chef, car le chiffre de 401,659 hommes était un chiffre maximum qui, loin d'être constamment atteint, se trouvait réduit d'une manière permanente par les morts, les maladies et les désertions, et, en outre, à des époques déterminées, par les congés accordés avant l'incorporation des nouvelles recrues. Le gouvernement insistait, en faveur du chiffre de 401,000 hommes, sur la nécessité de maintenir les soldats pendant trois années sous les drapeaux, afin d'assurer la cohésion de l'armée, l'usage des armes à longue portée exigeant des troupes parfaitement exercées et rompues à une excellente discipline.

La durée du service sous les drapeaux étant, comme le chiffre de l'effectif de paix, un des éléments de l'effectif de guerre, qui résulte de la combinaison de ces deux éléments dans telles ou telles proportions, quelques membres de la commission déposèrent un amendement proposant de remplacer les articles 1, 2 et 3 du projet par une disposition ainsi conçue : « L'effectif de paix de l'armée allemande est fixé chaque année dans le « budget, sur la base d'une durée de service de deux années pour l'infan- « terie. » Cet amendement ne réunit que huit voix au sein de la commission. Il ne fut point reproduit dans la discussion publique.

Il résultait de tableaux annexés au projet de loi qu'en 1872 et 1873 l'effectif moyen s'était trouvé réduit à 360,000 hommes, par suite de diverses mesures et, notamment, du retard apporté à l'incorporation des recrues, qui n'avait eu lieu qu'au mois de décembre au lieu de s'effectuer en octobre. A aucune époque de l'année, le nombre des hommes présents sous les armes n'avait dépassé le chiffre de 384,000. Aussi M. Betbusy-Huc proposait-il à la commission de s'arrêter à ce chiffre de 384,000 hommes, au lieu de celui de 401,000 hommes, réclamé par le gouvernement.

D'autre part, la majorité de la commission semblait disposée à adopter à la fois un maximum de 401,000 hommes et un minimum de 360,000 hommes, l'écart entre ces deux chiffres extrêmes devant laisser au *Reichstag* une latitude suffisante pour exercer son contrôle législatif lors du vote annuel du budget, en fixant un effectif intermédiaire. Mais le minimum de 360,000 hommes était énergiquement repoussé par le gouvernement, comme étant de nature à altérer la force du bataillon d'infanterie et le nombre des recrues à incorporer chaque année.

Le ministre de la guerre avait communiqué une pièce intitulée : « Calcul « du temps moyen de service à imposer à l'infanterie, en raison des effec- « tifs moyens proposés (1) », qui établissait la relation entre l'effectif total, l'effectif du bataillon d'infanterie et le temps de service (2).

---

(1) Des extraits de cette pièce ont été reproduits dans le n° 162 de la *Revue militaire de l'étranger*, qui paraît à Paris dans les bureaux du *Moniteur de l'armée*.

(2) On y lit notamment le passage suivant : « Il faut observer qu'une dimi-

L'étude de ce document démontre que l'adoption du chiffre proposé par M. Bethusy-Huc, c'est-à-dire du chiffre de 384,000 hommes, au lieu de 401,000, n'aurait rien changé, soit à l'effectif jugé nécessaire, soit à la durée du service, soit au nombre des incorporations.

Cependant, l'accord ne put s'établir entre le gouvernement et la commission qui, finalement, résolut de proposer le rejet de l'article 1er du projet.

Le 22 mars, au lendemain du vote de la commission, l'empereur, répondant aux félicitations que les officiers généraux lui présentaient par l'organe du feld-maréchal de Wrangel, à l'occasion de l'anniversaire du jour de sa naissance, manifesta la résolution bien arrêtée de ne faire aucune concession au sujet du projet de loi militaire, et un conflit sérieux parut à craindre. On vit alors circuler, dans des réunions d'électeurs, des adresses par lesquelles ils engageaient leurs mandataires à voter dans le sens des propositions du gouvernement, pour éviter ce conflit, et les journaux dévoués s'empressèrent d'enregistrer ces adresses. C'est sous la pression de ces événements que la discussion publique s'engagea en seconde lecture. Au moment où elle allait s'ouvrir, on apprit qu'une transaction venait d'être conclue, sous la forme d'un amendement présenté par M. de Bennigsen, entre le gouvernement et les partis dont l'accord pouvait assurer la majorité dans le *Reichstag*.

Le Parlement se trouvait en présence de quatre amendements, opposés par des groupes divers à l'article 1er primitif.

Le premier amendement, celui que présentait à titre de compromis M. de Bennigsen (*parti national-libéral*), proposait de remplacer dans l'article 1er les mots : « jusqu'à ce qu'il en soit autrement ordonné par une « loi », par ceux-ci : « pour le temps compris entre le 1er janvier 1875 et « le 31 décembre 1881 », c'est-à-dire pour une période de sept ans.

Le second amendement, déposé par M. de Mallinckrodt (*parti catholique*, dit *fraction du centre*), proposait la rédaction suivante : « L'effectif « de paix de l'armée, tant en sous-officiers qu'en soldats, sera fixé chaque « année par la loi du budget, d'après la situation de l'Empire. »

Le troisième amendement, dont l'auteur était M. Ansfeld (*parti progressiste*), reproduisait la proposition précédente en y ajoutant : 1° l'adoption du chiffre de 401,659 hommes pour l'année 1875, chiffre qui servirait de base à la fixation du budget des dépenses militaires pour ladite année; 2° une disposition portant que les volontaires d'un an ne seraient pas compris dans l'effectif de paix.

Enfin, le quatrième amendement, émanant de MM. Hasenclever et autres (*parti des socialistes-démocrates*), demandait que la rubrique du titre Ier : « Organisation de l'armée de l'Empire », fût remplacée par celle-ci : « Organisation de la garde nationale (*Volkswehr*) de l'Empire d'Alle-

« nution dans le recrutement annuel diminue d'une manière énorme l'en-
« semble des hommes instruits que l'Allemagne peut mettre sur pied à un
« moment donné, puisqu'il faut multiplier le chiffre de cette diminution par
« douze, nombre des années de service (sous les drapeaux, dans la réserve et
« dans la *Landwehr*). »

« magne », et que l'article 1er fût rédigé en ces termes : « L'effectif de paix
« de la *Volkswehr*, tant en sous-officiers qu'en soldats, servant pendant
« trois années, comprend, jusqu'à ce qu'il en soit autrement ordonné par
« une loi, 540,000 hommes au moins pendant deux mois de l'année, et
« 18,000 hommes au plus pendant les dix autres mois. Les exercices mili-
« taires et gymnastiques des officiers, sous-officiers et soldats en état de
« congé, ainsi que des jeunes gens de quatorze à vingt ans accomplis,
« seront déterminés par une loi. »

La séance du 13 avril s'ouvrit par un discours de M. Miquel, rapporteur
de la commission pour le titre Ier; puis M. de Bennigsen développa son
amendement. Le ministre de la guerre, M. de Kameke, déclara, au nom
des gouvernements confédérés, accepter cet amendement, en exprimant la
confiance qu'à l'expiration des sept années auxquelles il s'appliquait (1),
l'expérience ferait reconnaître la nécessité de maintenir d'une manière
invariable le chiffre de l'effectif. Cette séance se termina par un discours
de M. Reichensperger (*centre*).

Le commencement de la séance du 14 avril fut rempli par des discours
de MM. Bethusy-Huc (*conservateur gouvernemental*), Richter (*progressiste*), de Maltzahn-Gültz (*conservateur*) et Hasenclever (*socialiste*), lequel
développa dans un langage agressif le principe de son amendement. Le
major-général de Voigts-Rhetz prit alors la parole, et insistant sur la
nécessité d'une armée fortement organisée, s'éleva contre les dangers que
présenterait l'adoption des amendements de MM. Mallinckrodt et Ansfeld,
qui mettrait, suivant lui, l'existence même de cette armée à la merci d'un
vote de parti, en livrant chaque année sa composition à la discussion
publique.

Le *Reichstag* entendit ensuite tour à tour le docteur de Treitschke
(*national-libéral*), MM. de Mallinckrodt (*centre*), docteur Delbrück (président de la chancellerie fédérale), Camphausen (ministre des finances), de
Voigts-Rhetz, colonel Fries (commissaires des gouvernements confédérés),
le docteur Lœwe (*national-libéral*), le feldmaréchal de Moltke et enfin
le docteur Lasker, rapporteur du titre Ier. Les orateurs des diverses fractions
opposantes s'attachèrent à tenir en éveil la susceptibilité du Parlement au
point de vue de ses droits budgétaires, en exprimant la crainte que le gouvernement se trouvât entraîné à augmenter constamment les charges militaires. Les délégués du Conseil fédéral défendirent le projet à l'aide des
arguments qui ont été précédemment résumés.

Lorsqu'on procéda au vote, les amendements Hasenclever, de Mallinckrodt
et Ansfeld furent successivement rejetés ; l'amendement de Bennigsen,
consacrant la transaction entre les nationaux-libéraux et le gouvernement,
fut adopté, et l'article 1er, dans sa rédaction actuelle, fut voté par 224 voix
contre 146.

---

(1) Cette période de sept années engageait deux législatures entières et une
année de la troisième. L'orateur socialiste, M. Hasenclever, la qualifia plaisam-
ment de *septennat militaire*.

La discussion de cet article fondamental avait occupé deux séances entières. Les trois séances des 15, 16 et 17 avril suffirent à la discussion et au vote des 71 autres articles.

La troisième lecture eut lieu le 20 avril, et l'ensemble de la loi militaire fut définitivement adopté par 214 voix contre 123. Cette loi a reçu la sanction impériale le 2 mai 1874.

TITRE PREMIER (1).

ORGANISATION DE L'ARMÉE DE L'EMPIRE.

Art. 1ᵉʳ (2). — L'effectif de paix (*Friedenspräsenzstärke*) de l'armée, tant en sous-officiers (3) qu'en soldats (4), s'élève à 401,659 hommes pour le temps compris entre le 1ᵉʳ janvier 1875 et le 31 décembre 1881. Les volontaires d'un an (5) ne sont pas comptés dans l'effectif de paix (6).

Art. 2 (7). — L'infanterie forme 469 bataillons (8) ; la cavalerie, 465 escadrons ; l'artillerie de campagne, 300 batteries (9), dont il faut deux à quatre pour faire une section (10) ; l'artillerie à pied, 29 bataillons ; le corps des pionniers et le train, chacun 18 bataillons. Les

(1) Ce titre comprend des dispositions sur l'effectif de paix, sur la composition de l'armée et le groupement de ses unités tactiques, sur les cadres et sur la division territoriale de l'Empire au point de vue militaire.

(2) La discussion capitale à laquelle cet article a donné lieu se trouve résumée dans les observations qui servent d'introduction à ce travail.

(3) Le nombre des sous-officiers était de 52,969, d'après le budget de 1874.

(4) On voit que les officiers ne sont pas compris dans l'effectif de paix.

(5) Le chiffre des volontaires d'un an entrant chaque année dans l'armée varie de 3,500 à 4,000.

(6) Autrefois, les volontaires d'un an étaient compris dans l'effectif de paix, à tant par bataillon ou par escadron. En cessant de les y compter, on élève indirectement le chiffre de cet effectif.

La gendarmerie n'est pas comprise dans l'effectif budgétaire.

(7) Cet article consolide la situation existante et légalement consacrée par la Constitution (art. 61), plutôt qu'il ne fonde une situation nouvelle ; il n'y a d'exception que pour l'artillerie ; dans cette arme, il est créé deux batteries nouvelles par corps d'armée.

Malgré les tendances à l'unité, certaines différences de détail continuent de subsister. Ces détails d'organisation doivent être réglés par l'empereur, conformément à l'article 63 de la Constitution.

(8) Le bataillon encadre quatre cent quatre-vingt-douze hommes servant de six mois à deux ans et demi, et quatre cent cinquante hommes servant trois ans (discours de M. de Voigts-Rhetz).

(9) L'artillerie de campagne comprend quarante batteries montées.

(10) Les sections d'artillerie sont généralement composées de trois ou quatre batteries.

bataillons ont en principe quatre compagnies (1) ; ceux du train, deux à trois compagnies.

En principe, un régiment se compose de trois bataillons dans l'infanterie, de cinq escadrons dans la cavalerie, de deux ou trois sections ou bataillons dans l'artillerie (2).

Art. 3. — La réunion de deux ou trois régiments forme une brigade ; la réunion de deux ou trois brigades d'infanterie et de cavalerie, une division (3).

La réunion de deux ou trois divisions (4), avec les éléments correspondants d'artillerie, de pionniers (5) et du train, forme un corps d'armée, de telle sorte que l'ensemble des forces militaires de l'Empire d'Allemagne, en temps de paix, se compose de dix-huit corps d'armée.

La Bavière fournit deux corps d'armée, la Saxe et le Wurtemberg chacun un, tandis que la Prusse en forme quatorze, avec le concours des autres États (6).

Il y a une inspection d'armée pour chaque groupe de trois ou quatre corps d'armée (7).

(1) Parmi les bataillons d'infanterie ayant quatre compagnies sont compris les bataillons de chasseurs, lesquels ne sont point réunis en régiments, mais sont attribués à des corps d'armée ou à des divisions.

(2) Dans les chiffres énumérés en l'article 2, la Prusse figure pour trois cent cinquante-huit bataillons d'infanterie et de chasseurs, trois cent soixante-cinq escadrons et deux cent trente-quatre batteries d'artillerie de campagne ; la Bavière, pour cinquante-huit bataillons d'infanterie, cinquante escadrons et trente-quatre batteries ; la Saxe, pour vingt-neuf bataillons d'infanterie, trente escadrons et dix-huit batteries ; le Wurtemberg, pour vingt-quatre bataillons d'infanterie, vingt escadrons et quatorze batteries. Les bataillons d'artillerie à pied, des pionniers et du train sont répartis dans une mesure proportionnelle.

(3) Une division se compose ordinairement de deux brigades d'infanterie et d'une brigade de cavalerie.

(4) Le corps d'armée de la garde et le douzième corps d'armée (royaume de Saxe) ont des divisions spéciales de cavalerie ; ces deux corps comprennent donc trois divisions. Il en est de même du onzième corps d'armée, dont la troisième division est formée par le contingent du grand-duché de Hesse. Tous les autres corps d'armée ne se composent, dans leur effectif de paix, que de deux divisions.

(5) Il y a un bataillon de pionniers par corps d'armée ; ce bataillon se divise généralement en quatre compagnies.

(6) Les articles 2 et 3 de la loi ne font pas mention des corps spéciaux, tels que les troupes attachées aux chemins de fer (un bataillon en Prusse, une compagnie en Bavière), les commandements de districts de la *Landwehr*, et les compagnies de garnison en Bavière, qui font partie de l'effectif de paix. Il en est de même du personnel des écoles de sous-officiers, des bataillons d'instruction, des écoles de tir, des écoles d'équitation et de l'école supérieure des artificiers.

(7) Il y a en Prusse et en Bavière des inspections pour les pionniers et l'artillerie.

Art. 4 (1). — En principe, chaque compagnie, escadron ou batterie est instruit militairement et commandé par un capitaine ou un chef d'escadron assisté d'un lieutenant en premier, de deux ou trois lieutenants en second (2) et du nombre correspondant de sous-officiers.

A la tête de chaque bataillon et de chaque section d'artillerie est un officier d'état-major ; à la tête de chaque régiment, un officier d'état-major plus ancien (colonel, lieutenant-colonel, major). Les états-majors de régiment comprennent en outre, en principe, un second officier d'état-major ; les états-majors des régiments, des bataillons et des sections d'artillerie, un lieutenant faisant fonctions d'adjudant, ainsi que le personnel nécessaire en médecins, payeurs, vétérinaires, armuriers et selliers.

Le commandement d'une brigade appartient, en principe, à un major général ; celui d'une division, à un lieutenant général. A la tête de chaque corps d'armée est un général commandant (général de l'infanterie, etc., ou lieutenant général). Aux commandements supérieurs de troupes sont adjoints les états-majors nécessaires pour leur exercice.

L'armée comprend, en outre, un certain nombre d'officiers hors rang et hors cadre, tels qu'adjudant général, aide de camp et autres adjudants attachés à la personne, officiers des ministères de la guerre, de l'état major général, du corps des ingénieurs, des établissements d'éducation et d'organisation militaires, ainsi que l'ensemble du personnel d'administration de l'armée.

Le budget de l'Empire détermine, à cet égard, le nombre des emplois d'officier, de médecin et de fonctionnaire nécessaires dans

---

(1) Cet article pose les principes du commandement pour les différentes unités tactiques de l'armée.

(2) Le projet primitif portait ces mots : « de trois lieutenants en second ». Mais, tout en déclarant que le chiffre de trois lieutenants en second par compagnie lui paraissait indispensable, le gouvernement reconnaissait que le personnel des officiers n'était pas encore assez considérable pour lui permettre de faire passer cette innovation dans la pratique avant quelque temps. La commission proposa donc la rédaction suivante : « de deux ou trois lieutenants en second », formule qui devait mettre le gouvernement dans la nécessité d'établir l'existence de trois lieutenants en second dans une compagnie, chaque fois qu'il demanderait un crédit supplémentaire de ce chef. Le major général de Voigts-Rhetz insista pour la fixation en principe du chiffre de trois lieutenants en second, répétant qu'il serait absolument nécessaire pour assurer l'instruction des hommes, pour faire face au commandement de la *Landwehr*, et pour parer aux pertes subies en temps de guerre sur le champ de bataille. L'avis de la commission prévalut.

l'état de paix, ainsi que les modifications dont cette situation peut devenir susceptible (1).

Art. 5. — Le territoire de l'Empire d'Allemagne est divisé, au point de vue militaire (2), en dix-sept districts de corps d'armée (3).

Les généraux commandant sont les chefs militaires des districts de corps d'armée, sans préjudice des droits de souveraineté de chaque État confédéré.

Pour servir de base à l'organisation de la *Landwehr* (4), ainsi qu'au recrutement de l'armée, les districts de corps d'armée se divisent en districts de division et de brigade, et ceux-ci se subdivisent, suivant leur étendue et le chiffre de leur population, en districts de bataillon de *Landwehr* et de compagnie de *Landwehr* (5).

(1) Un tableau indiquant le nombre des emplois d'officier, de médecin et de fonctionnaire de l'armée allemande en temps de paix est annexé aux procès-verbaux du Reichstag (*Aktenstücke zu den Verhandlungen des deutschen Reichstags*, 1874, p. 42 et suiv.). Il se résume dans les chiffres suivants :

Officiers	17,077	Vétérinaires	589
Médecins	1,493	Selliers	83
Auditeurs	146	Armuriers	596
Aumôniers et assistants ecclé-		Maîtres de sciences, d'escrime	
siastiques	228	et de gymnastique	121
Employés	3,834		

Le personnel bavarois n'est point compris dans ces chiffres, la Bavière ayant conservé, aux termes des conventions intervenues entre elle et la Prusse, le droit de fixer dans son budget spécial les éléments de son administration militaire.

Le projet du gouvernement portait que ce tableau servirait de base légale pour les emplois d'officier, de médecin et de fonctionnaire nécessaires en temps de paix, et que les changements qu'il serait indispensable d'opérer à l'avenir devraient être indiqués dans les projets de budget. La commission fit substituer au paragraphe rédigé dans ce sens le paragraphe actuel, qui réserve d'une manière absolue les droits budgétaires.

(2) L'unité territoriale servant de base à l'organisation militaire, il s'ensuit que chaque corps d'armée, chaque division et chaque brigade d'infanterie a son propre territoire, sur lequel il se recrute et se complète en cas de mobilisation. Les corps de troupes restent d'ordinaire dans le voisinage des districts où ils ont été levés. Il n'y a d'exception que pour le corps d'armée de la garde prussienne, qui se recrute dans toute l'étendue de la monarchie, et pour les troupes envoyées en garnison dans l'Alsace-Lorraine, qui sont recrutées dans diverses régions de l'Empire.

(3) Bien que le nombre des corps d'armée soit de dix-huit, celui des districts correspondants n'est que de dix-sept, le corps d'armée de la garde n'ayant point d'assiette territoriale.

(4) L'article 63 de la Constitution confère à l'empereur le pouvoir d'organiser la *Landwehr*.

(5) Chaque régiment d'infanterie de ligne correspond, en général, à deux

Art. 6. — L'empereur détermine l'effectif de guerre de l'armée (1), ainsi que l'organisation du *Landsturm* (2). Toutes les mesures préparatoires à prendre en temps de paix, pour faire passer rapidement l'armée au pied de guerre, doivent être prises d'après les dispositions déterminées par l'empereur.

Les obligations de service des hommes assujettis au *Landsturm* sont fixées par une loi (3).

Art. 7. — L'empereur détermine les conditions de nomination aux emplois et fonctions de l'armée, ainsi que les conditions d'avancement (4). Pour être appelé à un emploi judiciaire dans le personnel de la justice militaire, il faut remplir les conditions d'aptitude nécessaires pour exercer une fonction judiciaire dans un État confédéré.

Les militaires qui quittent l'armée ne peuvent continuer à porter l'uniforme (5) qu'avec l'assentiment du souverain ou du Sénat d'État

districts de bataillon de *Landwehr;* en cas de mobilisation, les bataillons de ces deux districts forment un régiment d'infanterie de *Landwehr,* qui prend un numéro correspondant.

(1) L'article 63 de la Constitution attribuait déjà à l'empereur le droit de former l'armée en guerre.

(2) Le *Landsturm,* sorte de levée en masse régulière, comprend tous les hommes de dix-sept à quarante-deux ans accomplis, qui n'appartiennent ni à l'armée ni à la marine (art. 3 de la loi du 9 novembre 1867).

(3) La loi du 9 novembre 1867 sur l'obligation personnelle du service militaire donnait déjà au roi de Prusse, comme commandant en chef fédéral (aujourd'hui à l'empereur) le droit de convoquer le *Landsturm,* en cas d'attaque ou de menace dirigée par l'ennemi contre une partie du territoire de la Confédération. Mais le *Landsturm* n'avait point encore d'existence organique. Dans un paragraphe auquel la commission a substitué le paragraphe actuel, le projet du gouvernement réservait à une ordonnance impériale le droit de décider dans quelle mesure les règles édictées pour l'armée s'appliqueraient au *Landsturm,* pour le cas où il viendrait à être appelé sous les drapeaux.

La loi annoncée dans le paragraphe final de l'article 6 a été rendue à la date du 12 février 1875.

(4) Les articles 64 et 66 de la Constitution réservaient aux souverains et aux Sénats des États confédérés la nomination des officiers de leurs contingents. Tous les États autres que la Bavière, la Saxe, le Wurtemberg et le Brunswick ont abandonné ce droit à la Prusse par des conventions spéciales; la Saxe, le Wurtemberg et le Brunswick se sont assujettis à suivre, dans l'exercice de leur droit de nomination personnel, les règles adoptées en Prusse.

(5) Le projet primitif exigeait aussi l'assentiment du souverain ou du Sénat, pour permettre aux personnes quittant l'armée de conserver leurs titres militaires. Cette restriction fut supprimée sur la proposition de la commission, qui jugea que le droit de porter ces titres, en y ajoutant les mots : *ausser Dienst* (en retraite) était un droit absolu, et n'avait pas besoin d'être spécialement concédé.

confédéré qui nomme les officiers du contingent auquel ils appartiennent (1).

Art. 8. — L'empereur fait les règlements relatifs au maintien de la discipline dans l'armée (2).

TITRE II (3).

RECRUTEMENT DE L'ARMÉE.

Art. 9 (4). — Dans la répartition du contingent des recrues, opérée conformément aux dispositions de l'article 9 de la loi du 9 novembre 1867 (*Bulletin des lois de la Confédération*, p. 131), ne doivent point entrer en ligne de compte, indépendamment des étrangers résidant dans les divers États confédérés, les militaires en activité de service qui se trouvent dans leurs foyers. Les volontaires (art. 10 et 11 de la loi du 9 novembre 1867, *Bulletin des lois de la Confédération*, p. 131) et les hommes recrutés pour le service de la marine, doivent figurer en compte dans leurs districts de recrutement.

Il ne peut être fait de dérogation aux bases de répartition prescrites par la loi, qu'avec l'assentiment du comité pour l'armée de terre et les forteresses, et seulement dans le cas où, après la répartition du contingent général, il se produit dans un corps de troupes un besoin d'hommes extraordinaire, par suite de non-valeurs ou de pertes imprévues. Une compensation doit s'établir lors de la levée des recrues de l'année suivante.

(1) Une phrase qui se trouvait dans le projet du gouvernement, et qui déclarait l'autorisation révocable, fut également supprimée à la demande de la commission ; on entendit réserver ce droit de révocation aux tribunaux d'honneur (*Ehrengerichte*) militaires.

(2) MM. Hasenclever, Hasselmann et Reimer (socialistes-démocrates) avaient présenté un amendement portant que ces règlements feraient l'objet d'une loi. M. Hasselmann cita divers actes de dureté et de violence exercés par des officiers sur des soldats, afin d'établir qu'il était dangereux d'abandonner la réglementation de la discipline à l'arbitraire du pouvoir exécutif. Le docteur Lasker s'attacha à démontrer que le Code pénal militaire (titre VII) permettait la répression de ces faits, et l'amendement fut rejeté, n'ayant réuni que les voix du parti qui l'avait proposé.

(3) L'instruction du 26 mars 1868 pour le recrutement militaire dans la Confédération de l'Allemagne du Nord, avait réglementé les moyens pratiques d'exécution des dispositions de la Constitution (art. 59) et de la loi du 9 novembre 1867, qui établissaient le principe de l'obligation du service personnel. Le titre II de la nouvelle loi reproduit en grande partie les termes de cette instruction réglementaire, complétée par l'expérience des années suivantes.

(4) La rédaction de cet article a été remaniée par la commission, sans être modifiée dans ses bases essentielles.

Lorsqu'un district n'est pas en état de fournir son contingent, le déficit est reporté sur les autres districts du même État confédéré, et, en première ligne, sur les districts faisant partie de l'unité territoriale militaire qui est immédiatement supérieure (art. 5). Le chiffre du contingent des autres États confédérés ne peut être élevé que lorsque tous les districts de recrutement du premier, pris dans leur ensemble, ne sont pas en état de fournir le contingent qui lui est imposé (1).

Les États confédérés qui forment des corps d'armée particuliers ne peuvent, malgré les dispositions du § 3, être appelés en temps de paix à compléter le contingent d'autres corps d'armée, qu'en proportion du nombre des citoyens d'autres États confédérés qui se trouvent soumis au recrutement chez eux, en conformité de l'article 12. Pour tout le reste, la répartition des recrues entre les troupes de l'armée de l'Empire est déterminée par les nécessités militaires (2).

Art. 10. — Tous les hommes assujettis au service militaire sont soumis au recrutement à partir du 1ᵉʳ janvier de l'année dans laquelle ils doivent accomplir leur vingtième année, à moins qu'ils ne soient entrés volontairement dans les rangs de l'armée (art. 10 et 11 de la loi du 9 novembre 1867, *Bulletin des lois de la Confédération*, p. 131). Ils doivent se présenter, à cet effet, devant les autorités de recrutement (*Ersatzbehörden*) (3), jusqu'à ce qu'il ait été statué définitivement sur leurs obligations de service, conformément aux dispositions de la présente loi, mais au plus deux fois par an (4).

Art. 11. — Les hommes qui ont quitté le territoire de l'Empire, qui ont perdu la nationalité allemande, mais qui n'ont point acquis

---

(1) Le déficit qui se produit dans l'ensemble d'un État doit être réparti entre les autres États, proportionnellement à leur population. Le fait s'est produit pour l'Alsace-Lorraine, qui n'a pu, par suite de l'émigration, fournir son contingent : il a été mis à la charge des autres États ; le représentant de la Bavière a dû reconnaître, comme ceux des autres gouvernements confédérés, que c'était là une des charges militaires qui doivent, aux termes de l'article 58 de la Constitution, être supportées proportionnellement.

(2) L'article 110 de l'instruction réglementaire du 26 mars 1868 détermine en détail la manière de procéder pour remplacer les déficits extraordinaires qui peuvent se produire dans des corps de troupes. Ces dispositions n'ont point paru de nature à trouver place dans la loi.

(3) La traduction littérale du mot *Ersatzbehörden* serait : « autorités de remplacement », c'est-à-dire chargées de remplacer, par le moyen du recrutement, les hommes qui quittent les drapeaux.

(4) Les mots « mais au plus deux fois par an » ont été ajoutés sur la proposition de la commission.

une autre nationalité (*Staatsangehörigkeit*), ou l'ont reperdue, sont tenus de se présenter, lorsqu'ils viennent fixer leur domicile en Allemagne d'une manière permanente, et peuvent être appelés rétroactivement sous les drapeaux, mais ne peuvent plus être retenus au service en temps de paix, après l'âge de trente et un ans accomplis.

Il en est de même des fils de ceux qui, après avoir émigré, sont revenus sur le territoire de l'Empire d'Allemagne, à moins que ces fils n'aient acquis une autre nationalité.

Les dispositions qui précèdent sont aussi applicables aux émigrés qui ont acquis une autre nationalité, mais redeviennent citoyens allemands avant l'âge de trente et un ans accomplis (1).

Art. 12. — Tout homme assujetti au service militaire doit se présenter dans le district de recrutement où il a son domicile permanent, ou, à défaut de domicile, sa résidence (2). Celui qui n'a ni domicile permanent ni résidence dans toute l'étendue du terri-

---

(1) Les hommes qui avaient perdu la nationalité allemande pouvant revenir se fixer en Allemagne sans la reprendre, auraient pu se soustraire, eux et leur descendance, à toute obligation militaire. L'article 11 a pour objet de parer à ce danger.

La commission proposait une distinction en faveur de ceux qui auraient émigré avant l'accomplissement de leur quinzième année : ils n'auraient pu être appelés au service actif, en temps de paix, que jusqu'à l'âge de 25 ans, et, après cet âge, auraient été versés dans la seconde classe de la réserve de remplacement (*Ersatzreserve*). Elle invoquait, par l'organe du docteur Lasker, rapporteur du titre II, la considération suivante : lorsqu'un enfant en bas âge accompagne ses parents qui émigrent, il n'y a plus lieu au même degré de supposer que cette émigration a eu pour objet principal de le soustraire au devoir militaire.

Plusieurs députés, tels que MM. de Cuny, Kapp, Weber et Miquél, firent remarquer que la distinction proposée deviendrait une sorte de prime d'encouragement offerte aux habitants de l'Alsace-Lorraine, qui n'en persévéreraient que davantage dans l'usage d'envoyer leurs enfants, avant l'âge de quinze ans, dans des établissements d'instruction français; il en serait de même des émigrants en Amérique. Le docteur Delbrück, président de la chancellerie fédérale, demanda aussi qu'on en revînt au projet du gouvernement, lequel permettait seul d'atteindre efficacement ces fils d'étrangers, qui ne parviennent que trop facilement à se soustraire à l'obligation du service militaire en tout pays.

D'autre part, la distinction recommandée par la commission fut appuyée par le docteur Lœwe et par M. de Mallinckrodt. Elle fut définitivement repoussée par 178 voix contre 155.

(2) On voit que la législation militaire allemande n'oblige pas les hommes atteints par la loi du recrutement à se présenter dans leur pays natal, mais les saisit au lieu où ils résident. La loi du 9 novembre 1867 (art. 17) avait déjà posé ce principe comme applicable dans toute l'étendue de la Confédération.

toire de la Confédération, doit se présenter dans le district de recrutement de son lieu de naissance ; si son lieu de naissance est situé à l'étranger, il doit se présenter dans le district de recrutement allemand où se trouvait la dernière résidence de ses père et mère ou des chefs de sa famille.

C'est dans le district de recrutement où les hommes assujettis au service militaire sont tenus de se présenter, qu'ils doivent être appelés sous les drapeaux, et comptés dans le contingent de recrues à fournir par ce district.

Art. 13 (1). — L'ordre dans lequel doivent être pris les hommes assujettis au service militaire qui sont nés dans le cours de la même année, est déterminé, dans chaque district de recrutement, par la voie d'un tirage au sort (2).

Il n'est permis de dépasser le numéro le plus élevé fixé pour le contingent (dernier numéro), ou de s'écarter de l'ordre des numéros, que s'il est impossible de trouver, dans les numéros précédents, le nombre de recrues nécessaires pour les armes spéciales, en vue desquelles certaines conditions particulières sont exigées (3).

Les hommes qui ont droit au volontariat d'un an ne prennent point part au tirage au sort.

Les hommes assujettis au service militaire qui ne sont point appelés sous les drapeaux dans le cours de la première année, par suite de leurs numéros élevés de tirage, peuvent être repris dans les deux années suivantes, mais seulement dans le cas où il n'est pas possible d'atteindre autrement, dans leur district de recrutement, le chiffre du contingent de l'année. Les hommes assujettis au service qui restent disponibles dans la troisième année sont versés dans la réserve de remplacement (*Ersatzreserve*).

Art. 14. — Les hommes qui ont droit au volontariat d'un an (4) sont tenus de se présenter pour entrer au service au plus tard

---

(1) La rédaction de cet article a été remaniée par la commission, sans modification essentielle.

(2) L'effectif de paix ne pouvant comprendre qu'une partie des hommes en état de porter les armes, il s'ensuit qu'un certain nombre d'hommes assujettis au service doivent en demeurer affranchis en temps de paix, sauf à être appelés sous les drapeaux en cas de déclaration de guerre. Le choix de ces hommes est déterminé par les trois considérations suivantes : les infirmités ou défauts physiques qui rendent impropre au service ; les situations de famille ou de profession qui justifient une exemption du service ; le tirage au sort.

(3) Les articles 21, 22, 82 et 84 de l'instruction réglementaire déterminent dans tous ses détails le mode de tirage au sort.

(4) L'institution du volontariat d'un an est réglementée par les articles 10, 11 et 17 de la loi du 9 novembre 1867. Le droit, pour les volontaires d'un an,

2

le 1ᵉʳ octobre de l'année dans laquelle ils atteignent l'âge de vingt-trois ans accomplis. Il peut leur être accordé, à titre exceptionnel, un délai au delà de ce terme. En cas de déclaration de guerre, tous les volontaires d'un an ayant atteint l'âge à partir duquel on est assujetti au service militaire, doivent se présenter immédiatement sous les drapeaux, sur la convocation faite par la voie officielle.

Celui qui néglige de se présenter à temps pour entrer au service, perd ses droits au volontariat d'un an ; les autorités de recrutement peuvent lui rendre ces droits, si elles le jugent convenable.

Une loi déterminera les conditions préalables qui donnent droit au volontariat d'un an (1).

Art. 15. — Les hommes assujettis au service militaire qui sont reconnus définitivement impropres à ce service, par suite d'infirmités physiques ou intellectuelles, doivent être affranchis du service militaire et de toute obligation de se présenter, à l'avenir, devant les autorités de recrutement.

Art. 16. — Les hommes assujettis au service militaire qui, par suite de défauts physiques incurables (2), sont reconnus n'être propres au service que conditionnellement, doivent être versés dans la réserve de remplacement.

Art. 17. — Les hommes assujettis au service militaire qui sont encore trop faibles ou de trop petite taille pour ce service, ou qui sont affectés de maladies susceptibles de guérison, mais d'assez longue durée, sont provisoirement ajournés et réservés pour l'année suivante, à moins que, par suite de leur numéro de tirage, ils n'appartiennent aux hommes de leur année qui dépassent le chiffre du contingent (art. 13).

Toutefois, s'ils ne sont point reconnus propres au service avant l'expiration de la troisième année, ils sont versés dans la réserve de remplacement.

---

de demander à être incorporés dans un corps de troupes de leur choix, est limité par les restrictions contenues aux articles 129, 133, 134, 163 et 164 de l'instruction réglementaire.

(1) Ce dernier paragraphe a été ajouté sur la proposition de la commission. Elle avait songé, dans le principe, à introduire dans la loi militaire elle-même l'énumération des conditions qui seraient exigées pour l'admission au volontariat d'un an ; elle reconnut que cette question était trop grave en elle-même, et trop intimement liée à celle de l'enseignement supérieur, pour pouvoir être tranchée avec autant de précipitation.

(2) Tels que myopie, dureté d'ouïe, vices de conformation des doigts ou des orteils, etc.

Une ordonnance impériale détermine la taille exigée pour le service militaire (1).

Art. 18. — Quiconque fait l'objet d'une instruction judiciaire, à raison d'un acte punissable qui l'expose à la peine de l'emprisonnement dans une maison de correction, ou de la perte des droits civiques (2), ou qui fait présumer une condamnation soit à une peine emportant privation de la liberté pendant plus de six semaines, soit à une amende correspondante, n'est incorporé qu'après la clôture de cette instruction ; quiconque a été condamné, par une décision passée en force de chose jugée, à une peine emportant privation de la liberté ou à une amende susceptible d'être convertie en privation de la liberté, n'est incorporé qu'après l'expiration de cette peine ou sa remise (3). Les hommes qui se trouvent dans ce cas peuvent être ajournés jusqu'à leur cinquième année de service. Il en est de même des hommes qui ne sont point en possession des droits civiques, pendant toute la durée de la peine qui les prive de ces droits. Toutefois, s'ils doivent rentrer en possession des droits civiques avant l'expiration du temps de leur service actif, ils peuvent être incorporés dans une section d'ouvriers militaires, et le séjour qu'ils y font est compté dans leur temps de service (4).

Art. 19. — Il peut être accordé des ajournements (*Zurückstellungen*) ou des exemptions (*Befreiungen*) du service militaire, à raison de certaines situations de famille ou de profession (5). Ces ajournements et ces exemptions sont accordés par décision des autorités de recrutement, à la demande des hommes assujettis au service ou de leurs parents, sous les conditions fixées et dans la

(1) Ce dernier paragraphe a été ajouté à la demande de la commission. La fixation de la taille a pour effet d'assujettir au service militaire les personnes qui dépassent le minimum fixé : il a donc paru nécessaire de spécifier en termes exprès les pouvoirs conférés à l'empereur, relativement à cet objet.

(2) Aux termes de l'article 34 du Code pénal allemand (*Annuaire de législation étrangère* de 1872, 1re année), la privation des droits civiques entraîne l'incapacité de servir dans l'armée allemande pendant la durée de cette peine.

Les statistiques établissent que le nombre des hommes qui se trouvent chaque année dans cette situation est de 400 environ.

(3) La rédaction de cette première phrase de l'article 18 a été développée par la commission ; le texte primitif était moins détaillé.

(4) Ils terminent alors leur temps de service dans un corps de troupes de ligne.

(5) Le projet primitif portait qu'en principe ces ajournements et exemptions n'auraient lieu qu'en temps de paix. Cette restriction a disparu, sur la proposition de la commission.

mesure déterminée par les articles 20 et 21, après examen spécial des situations invoquées.

Art. 20 (1). — Peuvent être ajournés pour un ou deux ans, et réservés pour l'année suivante, à moins que, par leur numéro de tirage, ils n'appartiennent aux hommes de leur année qui dépassent le chiffre du contingent :

1° Les soutiens uniques de familles privées de secours, de pères et mères, d'aïeuls et aïeules, de frères ou sœurs (2) hors d'état de gagner leur vie;

2° Le fils d'un propriétaire, fermier ou industriel hors d'état de travailler et d'exercer sa surveillance, lorsque ce fils constitue son unique et indispensable appui, pour assurer l'exploitation de son bien, de son bail ou de son industrie;

3° Le fils qui, par son âge, suit immédiatement un frère tué devant l'ennemi, mort de ses blessures, devenu, par suite de blessures, incapable de gagner sa vie, ou mort de maladie à la guerre (3), lorsque son ajournement peut alléger d'une manière sensible la situation de ses parents;

4° Les hommes assujettis au service qui, par succession recueillie *ab intestat* ou par testament, sont devenus propriétaires ou fermiers de biens de terre, lorsque leurs moyens d'existence dépendent de l'exploitation de ces biens ou de ces baux, et qu'il n'est pas possible de l'assurer d'une autre manière (4);

5° Les propriétaires de fabriques et autres établissements industriels, dans lesquels sont employés plusieurs ouvriers, lorsque l'exploitation ne leur en est échue, par succession *ab intestat* ou par testament, que dans le cours de l'année qui a précédé celle où ils sont appelés au service, et qu'il n'est pas possible d'assurer cette exploitation d'une autre manière; cette disposition s'applique aux propriétaires de maisons de commerce d'une importance correspondante (5);

6° Les hommes assujettis au service qui se préparent à une car-

(1) Cet article énumère limitativement toutes les exemptions d'un caractère général.

(2) Les mots « aïeuls et aïeules, frères ou sœurs » ont été ajoutés à la demande de la commission; il a été entendu que les bisaïeuls seraient compris dans cette expression.

(3) Les mots « ou mort de maladie à la guerre » ont été ajoutés sur la proposition de la commission.

(4) Ce 4° était placé, dans le projet primitif, avant le 2° et le 3°; sa rédaction était un peu différente de celle qui a été proposée par la commission et définitivement adoptée.

(5) Ce 5° a été ajouté tout entier à la demande de la commission.

rière, ou qui apprennent un art ou une industrie, et qui éprouveraient un préjudice considérable par suite de l'interruption de leurs études (1); dans des cas exceptionnels, leur ajournement peut s'étendre à une durée totale de quatre années (2);

7° Les hommes assujettis au service qui ont leur domicile permanent à l'étranger (3).

Lorsque deux hommes en état de travailler et servant de soutiens à des familles privées de secours, à des pères et mères, à des aïeuls et aïeules, à des frères ou sœurs hors d'état de gagner leur vie, ne peuvent leur être enlevés en même temps, l'un d'entre eux doit être ajourné jusqu'à ce que l'autre soit libéré. Celui qui a été provisoirement ajourné doit être incorporé au plus tard après l'expiration de la deuxième année de service, et celui qui a été incorporé le premier doit être libéré en même temps. Cette disposition s'applique à la situation prévue dans le 2° du présent article (4).

Art. 21. — Les hommes assujettis au service militaire qui, dans leur troisième année d'obligation au service, se trouvent encore dans l'un des cas prévus depuis le 1° jusqu'au 5° de l'article 20, sont versés dans la réserve de remplacement.

Tout homme exempté qui se soustrait à l'accomplissement de la mission qui a déterminé son exemption du service militaire, peut être appelé sous les drapeaux rétroactivement, avant l'expiration de l'année dans laquelle il atteint vingt-cinq ans accomplis (5).

---

(1) M. Hauck proposa d'étendre ce privilége d'ajournement aux étudiants en théologie et aux candidats rabbins. Les élèves en théologie l'avaient obtenu jadis, en 1835, par une mesure qui, des catholiques, avait été étendue plus tard aux protestants et aux israélites, dans la pensée de développer le personnel des membres du clergé.

Les orateurs qui prirent la parole en faveur de l'amendement firent remarquer qu'il y aurait une véritable anomalie à imposer l'éducation militaire et le service sous les drapeaux à des hommes qui, dès qu'ils auraient été ordonnés, se trouveraient dispensés de servir, aux termes de l'article 58 de la loi. Mais le *Reichstag* refusa de faire aux étudiants en théologie une situation privilégiée, par rapport aux autres étudiants, et la proposition de M. Hauck, combattue par le major Bluhme, fut définitivement rejetée.

(2) Cette dernière phrase du 6° a été ajoutée à la demande de la commission.

(3) Ce 7° a été ajouté tout entier sur la proposition de la commission.

(4) Ce paragraphe a été ajouté tout entier sur la proposition de la commission.

(5) La rédaction de ce paragraphe a été remaniée par la commission, qui

Art. 22. — Des ajournements ou des exemptions du service en temps de paix peuvent être exceptionnellement accordés à des hommes assujettis au service, par le tribunal supérieur des affaires de recrutement de l'État confédéré auquel ces hommes appartiennent, lorsque ces ajournements ou ces exemptions se trouvent justifiés, dans des cas individuels, par des motifs que la présente loi n'a point expressément prévus. Il n'est point permis d'accorder des ajournements ou des exemptions à toute une catégorie professionnelle, en vertu de la disposition qui précède (1).

Le mariage d'un homme assujetti au service ne peut servir de base à une demande d'ajournement.

Art. 23. — La réserve de remplacement (*Ersatzreserve*) se divise en deux classes.

L'obligation au service dans la première classe dure cinq années, qui sont comptées à partir du 1ᵉʳ octobre de l'année dans laquelle les hommes ont été versés dans la réserve de remplacement. Après l'expiration de ces cinq années, ils sont versés dans la seconde classe de la réserve de remplacement.

A l'âge de trente et un ans accomplis, les hommes cessent d'appartenir à la réserve de remplacement (2).

Art. 24 (3). — La première classe de la réserve de remplacement sert à compléter l'armée lors des mobilisations, et à former des corps de troupes de remplacement Il doit y être versé chaque année un nombre de soldats suffisant pour que les hommes fournis par cinq années couvrent les besoins de la mobilisation de l'armée.

Art. 25. — Sont versés de préférence dans la première classe de la réserve de remplacement les hommes qui ont été reconnus propres au service militaire, mais qui n'ont point été incorporés à

a entendu qu'on ne pût reprendre l'homme exempté ayant manqué à ses engagements, qu'autant qu'il y aurait manqué par sa faute.

Elle a fait supprimer un paragraphe du projet qui permettait de prolonger pendant quatre années l'ajournement des hommes compris dans le 6° de l'article précédent.

(1) La commission a refondu le texte de ce paragraphe, en ajoutant au projet primitif la disposition qui interdit d'accorder des ajournements ou des exemptions à toute une catégorie professionnelle.

. (2) Dans le projet du gouvernement, cet article posait le principe de l'emploi de la réserve de remplacement pour compléter l'armée, de sa division en deux classes et des obligations de ces deux classes.

(3) Les articles 24 à 29 ont été ajoutés sur la proposition de la commission, qui les a empruntés à l'instruction réglementaire du 26 mars 1868. Elle a voulu déterminer avec précision la situation légale des deux classes de la réserve de remplacement et les obligations des hommes de la seconde classe. Celles des hommes de la première classe sont réglées dans le titre V.

raison des numéros élevés qui leur sont échus dans le tirage au sort.

Les hommes nécessaires pour compléter cette classe doivent être pris (1) :

1° Parmi les hommes assujettis au service militaire dont la situation de famille ou de profession a eu pour effet de les faire exempter du service en temps de paix, mais ne saurait légitimement être prise en considération pour le cas d'une guerre ;

2° Parmi les hommes assujettis au service militaire qui ont été exemptés à raison de défauts physiques sans gravité ;

3° Parmi les hommes assujettis au service militaire, qui sont exemptés du service en temps de paix comme y étant temporairement impropres, mais qu'on doit s'attendre à voir prendre dans les années suivantes des forces suffisantes pour qu'on les appelle provisoirement au service militaire.

S'il y a un excédant, le choix à faire parmi ceux que le tirage au sort a libérés est déterminé par l'ordre des numéros du tirage, suivant les dispositions édictées à cet égard par l'article 13 (2); parmi les autres éléments, par l'âge et par les meilleures conditions d'aptitude au service.

Art. 26. — Indépendamment des hommes qui entrent dans la deuxième classe de la réserve de remplacement, par suite de l'expiration de la durée du service dans la première (art. 23, § 2), on verse dans cette deuxième classe tous les hommes assujettis au service qui doivent faire partie de la réserve de remplacement, mais qui ne sont point versés dans la première classe, parce qu'ils sont impropres au service ou viennent en excédant.

Art. 27. — Les hommes de la deuxième classe de la réserve de remplacement sont affranchis de toutes obligations militaires en temps de paix. En cas de déclaration de guerre, ils peuvent, s'il se présente des besoins extraordinaires, être appelés à compléter l'armée. L'appel est fait par ordonnance impériale.

Cette ordonnance doit faire connaître, de la manière consacrée par les usages locaux, quelles sont, par rang d'âge, les classes qui doivent être incorporées les premières. Les hommes de ces classes se trouvent ainsi soumis à l'obligation de se faire inscrire de nouveau sur les tableaux de recensement et de se présenter au recru-

(1) Ils ne doivent pas nécessairement être pris dans l'ordre indiqué par le 1°, le 2° et le 3° de cet article; cet ordre peut être interverti suivant les circonstances.

(2) Les mots *suivant les dispositions édictées à cet égard par l'article* 13 ont été ajoutés d'après un amendement présenté par M. Etzel.

tement. A partir de la publication de l'ordonnance, les hommes appartenant par leur âge aux classes désignées se trouvent soumis aux règlements qui concernent les hommes assujettis au service.

Les hommes que l'appel place dans la situation d'hommes assujettis au service, mais qui n'ont point été incorporés, sortent de cette situation par le licenciement des corps de troupes de remplacement.

Art. 28. — Les hommes de la deuxième classe de la réserve de remplacement qui prouvent, au moyen de certificats délivrés par les consuls, qu'ils se sont créé un établissement fixe comme négociants, industriels, etc., dans un pays situé hors d'Europe (à l'exception, toutefois, des pays situés sur les côtes de la mer Méditerranée et de la mer Noire), peuvent être affranchis, pendant la durée de leur séjour hors d'Europe, de l'obligation de se présenter en cas de déclaration de guerre.

Art. 29. — Les hommes de la première ou de la deuxième classe de la réserve de remplacement qui ont été appelés au service, doivent être libérés quand l'armée est ramenée au pied de paix (art. 50).

Art. 30 (1). — Les règles suivantes doivent être observées en ce qui concerne la composition du personnel des autorités chargées du recrutement de l'armée et la procédure à suivre devant elles :

1° L'organisation des autorités de recrutement doit s'adapter à la division du territoire de l'Empire en districts militaires, telle qu'elle est réglementée dans l'article 5 (2).

2° Le district de chaque bataillon de *Landwehr* forme en son entier un district de recrutement ou se divise en plusieurs districts de recrutement, dont l'étendue et l'importance sont déterminées par la composition et le chiffre de la population des districts d'administration civile correspondants.

3° Les autorités chargées de l'expédition des affaires permanentes du recrutement sont :

a) Pour le district de recrutement, la commission de recrutement, qui se compose du commandant du district de *Landwehr* et d'un fonctionnaire de l'administration du district, et, là où ce fonc-

---

(1) Les dispositions des articles 30 à 37 sur les opérations de recrutement reproduisent exactement les règles déjà en vigueur, qui ont pour base l'unité territoriale.

(2) Le projet du gouvernement se bornait à poser ce principe que les opérations de recrutement doivent être dirigées conjointement par les autorités civiles et militaires. La commission a développé ce principe dans ses détails.

tionnaire fait défaut (1), d'un membre civil nommé spécialement pour cet objet ;

b) Pour le district de brigade d'infanterie, la commission supérieure de recrutement, qui se compose du commandant de la brigade d'infanterie et d'un fonctionnaire supérieur de l'administration;

c) Pour le district de corps d'armée, le général commandant le corps d'armée avec le chef de l'autorité civile dans la province ou dans le pays, à moins que des fonctionnaires spéciaux ne soient nommés à cet effet dans certains États confédérés;

d) Pour la direction supérieure des opérations de recrutement de l'armée, les ministères de la guerre avec les autorités supérieures de l'administration civile dans les divers États confédérés (2).

4° En ce qui concerne les décisions à prendre :

a) Sur les exemptions et ajournements prévus dans l'article 20;

b) Sur la perte d'avantages qui a lieu dans les cas déterminés par l'article 33 ;

c) Sur la perte de l'exemption du service militaire qui a lieu dans les cas déterminés par les articles 21, 51 et 55 ;

d) Sur la classification des hommes de la réserve, de la *Landwehr* et de la première classe de la réserve de remplacement, en tenant compte des situations de famille et de profession prévues par les articles 14 et 19, on adjoint aux membres permanents de la commission de recrutement et de la commission supérieure de recrutement d'autres membres qui sont choisis, parmi les personnes établies dans le district, par les corps représentatifs de la commune ou du pays, et, là où ces conseils élus n'existent pas, par les autorités administratives du pays.

Dans ces conditions et avec cette adjonction, la commission de recrutement doit comprendre, au maximum, un officier et quatre membres civils, outre les membres permanents; la commission supérieure de recrutement, un membre civil, outre les membres permanents.

5° Les membres des autorités de recrutement ont un droit de vote égal; leurs décisions sont prises à la majorité des voix. Dans les cas où les membres permanents prennent seuls part à la délibération, s'il y a diversité d'avis, l'affaire doit être soumise à

---

(1) Les mots « là où ce fonctionnaire fait défaut » ont été ajoutés à raison de la situation spéciale du Mecklembourg.

(2) Parmi les membres civils des commissions de recrutement des cercles, figurent de simples citoyens.

la décision de la juridiction immédiatement supérieure. Pour les mesures provisoires qui doivent être prises séance tenante, la voix du membre civil dans la commission de recrutement, la voix du membre militaire dans la commission supérieure de recrutement, est prépondérante. De même, dans la commission supérieure de recrutement, la voix du membre militaire tranche les questions d'aptitude corporelle des hommes assujettis au service et de répartition des hommes entre les différentes armes et les différents corps de troupes.

6° Au cours des opérations auxquelles procèdent les autorités de recrutement, les intéressés ont le droit de produire des documents et de faire entendre des témoins et des experts à l'appui de leurs demandes.

7° La commission de recrutement prépare les travaux de la commission supérieure de recrutement (1). Elle statue sur les ajournements qui peuvent être accordés, conformément à la loi, aux hommes assujettis au service. Sur tous les autres points, ses décisions sont soumises à la révision de la commission supérieure de recrutement, qui statue définitivement.

Le membre militaire permanent de la commission de recrutement a le droit de former opposition aux décisions de cette commission, en ce qui concerne la classification des hommes de la réserve, de la *Landwehr* et de la première classe de la réserve de remplacement. Dans ce cas, la décision définitive doit être prise exclusivement par les membres permanents de la commission supérieure de recrutement.

8° Le droit d'appeler des décisions de la commission supérieure de recrutement devant les juridictions plus élevées, n'appartient qu'aux hommes assujettis au service et à leurs parents, qui ont le droit de réclamation. Toutefois, dans les districts de recrutement qui ne peuvent parvenir à fournir leur contingent, le membre militaire permanent de la commission supérieure de recrutement peut aussi appeler, devant la juridiction plus élevée, des décisions ayant pour objet l'exemption du service militaire.

Art. 31. — Les communes et les groupes de même nature doivent dresser des tableaux de recensement de tous les hommes assujettis au service, sous le contrôle des autorités de recrutement (2).

---

(1) La commission supérieure de recrutement, dont la création a été attaquée au cours de la discussion comme celle d'un rouage inutile, a été instituée en vue d'assurer l'unité dans la procédure des opérations de recrutement.

(2) Le projet primitif déclarait les communes et autres groupes responsables de la tenue régulière et de l'exactitude de ces tableaux de recensement. La commission a obtenu la suppression de cette disposition.

Les hommes assujettis et leurs parents doivent faire leurs déclarations, en vue de la formation de ces tableaux, conformément aux dispositions actuellement en vigueur.

Art. 32. — Les tableaux de recensement sont dressés d'après les registres de l'état civil et les déclarations qui doivent être faites aux termes de l'article 31. Les autorités et les employés chargés de la tenue des registres de l'état civil sont astreints à délivrer gratuitement les extraits nécessaires pour la confection des tableaux de recensement.

Art. 33. — Ceux qui négligent de faire les déclarations prescrites par l'article 31 en vue de la confection des tableaux de recensement, ainsi que les hommes assujettis au service militaire qui ne se présenteraient pas exactement dans les délais indiqués par les autorités de recrutement, doivent être punis d'une amende qui ne peut être supérieure à trente marcs, ou d'un emprisonnement qui ne peut excéder trois jours, s'ils n'ont encouru en même temps une peine plus grave (1).

Les hommes assujettis au service militaire qui ne se sont point présentés exactement dans le délai indiqué par les autorités de recrutement peuvent être privés, par ces autorités, des avantages résultant du tirage au sort. Si c'est dans une intention mauvaise qu'ils ont négligé de se présenter, ou s'il y a récidive, les autorités de recrutement peuvent les déclarer déchus de tout droit aux priviléges accordés par les articles 19 à 22, et les faire incorporer immédiatement dans l'armée, comme ne présentant pas des garanties de service suffisantes. Leur temps de service ne commence alors à courir qu'à partir de l'époque à laquelle est incorporé le contingent suivant.

Lorsque (2) la déclaration ou la présentation en personne n'a pu avoir lieu par suite de circonstances indépendantes de la volonté de celui à qui l'obligation en était imposée (§§ 1 et 2), l'absence de ces formalités cesse d'entraîner les conséquences qui viennent d'être énumérées (3).

(1) On reconnut que ce délit était un délit de droit commun et devait rentrer dans la juridiction des tribunaux civils.

(2) Ce paragraphe a été ajouté sur la proposition de la commission.

(3) Le Code pénal de l'Empire d'Allemagne (art. 140) punit d'une amende de 50 à 1,000 thalers, ou d'un emprisonnement d'un mois à un an, quiconque aura cherché à se soustraire au service dans l'armée de terre ou de mer, soit en quittant sans permission le territoire de l'Empire, soit en séjournant hors de ce territoire après avoir atteint l'âge requis pour le recrutement. (Voir l'*Annuaire de législation étrangère* de 1872, 1ʳᵉ année.) Au point de vue pratique, cette disposition restait à peu près sans effet, et les condamnations auxquelles

Art. 34 (1). — Les recrues qui, après la levée du contingent, et les volontaires qui, après leur réception définitive dans un corps de troupes, obtiennent un congé pour rentrer provisoirement dans leurs foyers, appartiennent jusqu'à leur incorporation à la catégorie des hommes en état de congé (2).

Art. 35. — Tous les actes officiels qui ont trait au recrutement de l'armée, à l'exception de ceux qui sont nécessités par des actions punissables, sont dispensés de tout droit de timbre et de toute taxe.

Art. 36. — Parmi les frais des opérations de recrutement, ceux-là seuls doivent être mis à la charge du budget de l'Empire, qui sont occasionnés directement par la participation d'autorités militaires ou d'individualités militaires auxdites opérations.

Il appartient à chaque État confédéré de déterminer par qui doivent être supportés les autres frais (3).

Art. 37 (4). — Il doit être fait chaque année un rapport au

elle donnait lieu étaient prononcées par défaut, puisqu'elles ne pouvaient être encourues qu'autant que les coupables avaient déjà quitté le territoire. Aussi le projet primitif de l'article 33 de la présente loi proposait-il, dans un paragraphe additionnel, d'étendre cette disposition pénale à la simple tentative du même délit ; on eût pu ainsi atteindre matériellement les délinquants sur le territoire même de l'Empire, dès que la volonté de se soustraire à leurs obligations militaires eut été manifestée par un commencement d'exécution ; on eût pu, en même temps, atteindre les agences d'émigration comme complices. La commission proposa le rejet de cette disposition additionnelle.

Elle fut reprise par un amendement de MM. Denzin et autres. Un membre fit remarquer, au cours de la discussion, qu'une répression sévère de la simple tentative était d'autant plus nécessaire que, de 1862 à 1872, le nombre annuel des condamnations prononcées pour émigration de recrues non autorisée s'était élevé de 1,648 à 10,690. Pendant le même temps, la proportion des hommes fuyant le service militaire, par rapport au nombre total des émigrants, s'était élevée de 8 p. 100 à 22 p. 100.

Mais on reconnut qu'il y avait de graves inconvénients à déroger à la législation pénale générale par une disposition spéciale qui pourrait, d'ailleurs, donner ouverture à certains abus ou à certaines persécutions et, sur l'insistance du docteur Lasker, rapporteur du titre II, le paragraphe additionnel fut finalement rejeté.

(1) Dans sa teneur définitive, qui est conforme aux propositions de la commission, cet article ne diffère du projet primitif que par des détails de rédaction.

(2) Voir au titre V la situation légale des hommes en état de congé.

(3) Cette distinction a sa base dans cette considération, que les autorités militaires ont plus spécialement en vue les intérêts généraux de l'Empire ; les membres civils, les intérêts des particuliers, des communes et de l'État.

(4) Cet article a été ajouté sur la proposition de la commission.

conseil fédéral (*Bundesrath*) et au Parlement de l'Empire (*Reichs·tag*) sur les résultats des opérations du recrutement.

TITRE III (1).

DE L'ARMÉE ACTIVE.

Art. 38. — L'armée active se compose :

A. — Des militaires de l'effectif de paix, savoir :

1° Des officiers, médecins et employés militaires de l'effectif de paix, depuis le jour de leur nomination jusqu'au moment où ils sont libérés du service ;

2° Des hommes qui se sont engagés, depuis le commencement jusqu'à l'expiration ou la résiliation de leur contrat d'engagement;

3° Des volontaires et des recrues, depuis le jour où l'administration militaire a pris leur entretien à sa charge, et des volontaires d'un an depuis le moment de leur incorporation définitive dans un corps de troupes, les uns et les autres jusqu'à l'expiration du jour où ils sont libérés du service actif ;

B. — 1° Des officiers, médecins, employés militaires et soldats en état de congé (titre V), appelés au service, depuis le jour où ils sont appelés jusqu'à l'expiration du jour où ils sont libérés à nouveau ;

2° De tous les officiers, médecins, employés militaires et soldats n'appartenant à aucune des catégories ci-dessus énoncées, qui, en temps de guerre, sont appelés ou entrent volontairement au service de l'armée, depuis le jour où ils sont appelés ou depuis le moment de leur entrée volontaire, jusqu'à l'expiration du jour où ils sont libérés ;

C. — Des employés civils de l'administration militaire, depuis le jour de leur nomination jusqu'au moment où ils sont libérés du service.

Art. 39. — La juridiction spéciale qui s'exerce sur les militaires

---

(1) Le premier article de ce titre est seul consacré à la composition de l'armée active. Les articles suivants contiennent des dispositions exceptionnelles spéciales aux militaires, au point de vue de la juridiction, des droits de famille et de propriété, des testaments, des voies d'exécution, des impôts, du droit de vote et de l'exercice des fonctions publiques.

La commission avait songé à détacher ces dispositions de la loi militaire, pour les rattacher aux titres correspondants des lois civiles, administratives et fiscales. Elle a reconnu qu'au point de vue de l'unité il y avait intérêt à réglementer ces matières dans la législation spéciale.

est limitée aux matières pénales (1), et est réglementée par une loi de l'Empire (2).

La juridiction de droit commun compétente pour les militaires est le tribunal du lieu où ils sont en garnison; toutefois, en ce qui concerne ceux qui ne servent que pour accomplir leurs obligations militaires ou qui ne peuvent avoir un domicile personnel, ce tribunal n'est compétent que pour les demandes relatives aux questions de propriété (3).

Restent en vigueur les dispositions législatives qui confèrent d'une manière générale ou permettent, dans des cas individuels et en procédant par voie d'ordonnance, de conférer à un tribunal allemand ou aux auditeurs (4) l'exercice de la juridiction contentieuse ou gracieuse pour les corps de troupes qui ont quitté leur garnison après la mobilisation, ou qui séjournent à l'étranger d'une manière permanente (5).

Art. 40. — Les militaires de l'effectif de paix ne peuvent se marier qu'avec l'assentiment de leurs supérieurs (6).

Art. 41. — Les militaires de l'effectif de paix et les employés

(1) Ce principe se retrouve consacré dans toutes les législations qui ont admis une juridiction militaire spéciale.

(2) On a entendu laisser au Code d'instruction criminelle militaire le soin de décider si la juridiction militaire doit être limitée aux choses disciplinaires et restreinte au temps de guerre.

(3) Le projet primitif leur appliquait d'une manière générale la juridiction du lieu de leur garnison. A la suite d'observations échangées entre le docteur Stephani, rapporteur du titre III, et M. Rindfleisch, commissaire du conseil fédéral, il fut entendu que le statut personnel serait réglé, pour chaque soldat, par la loi de son pays natal.

(4) Les auditeurs sont des fonctionnaires militaires de l'ordre judiciaire.

(5) Les dispositions contenues dans les deux derniers paragraphes de l'article 39 sont conformes à celles des articles 13, 14 et 21 du projet de Code de procédure civile allemand, soumis au conseil fédéral. L'article 15 du même projet permet de créer par ordonnance impériale un tribunal allemand ayant des attributions de juridiction personnelle pour les troupes qui stationnent d'une manière permanente à l'étranger.

(6) MM. Hasenclever et Reimer (socialistes-démocrates) avaient présenté un amendement demandant qu'il ne fût imposé aux militaires d'autre obligation que celle de donner avis de leur mariage trois semaines à l'avance. Cet amendement fut rejeté.

L'article 150 du Code pénal militaire (Voir l'*Annuaire de législation étrangère* de 1873, 2ᵉ année) punit de la détention pendant trois mois celui qui se marie sans l'autorisation officielle exigée.

Dans le projet du gouvernement, l'article 40 de la présente loi étendait aux employés civils de l'administration militaire l'obligation d'obtenir, pour pouvoir se marier, le consentement de leurs supérieurs. La commission fit restreindre cette obligation aux militaires eux-mêmes.

civils de l'administration militaire peuvent refuser des tutelles, et ne sont autorisés à les accepter qu'avec l'assentiment de leurs supérieurs.

Art. 42. — Sont abrogées les restrictions apportées par la loi civile à l'acquisition, l'aliénation et l'hypothèque de fonds de terre par certaines classes de militaires (1).

Art. 43 (2). — Les militaires de l'effectif de paix qui veulent exercer une industrie doivent obtenir l'autorisation de leurs supérieurs pour eux-mêmes et pour les gens de leur maison demeurant chez eux dans des bâtiments de service, à moins que cette industrie ne soit liée à l'exploitation d'un fonds de terre rural leur appartenant (3).

Art. 44 (4). — En temps de guerre ou pendant la durée d'un état de siége, les personnes désignées dans l'article 38 et celles qui, aux termes des articles 155 à 158 du Code pénal militaire du 20 juin 1872, sont soumises aux lois militaires, peuvent valablement faire des dispositions de dernière volonté dans des formes spécialement simplifiées (testaments militaires privilégiés). Les priviléges des militaires, en ce qui concerne ces actes de dernière volonté, consistent uniquement en ce qu'aux termes des dispositions qui vont suivre, ils ne sont point soumis aux formalités prescrites

(1) Les restrictions que cet article fait disparaître étaient spéciales au droit militaire prussien (Droit civil général (*Landrecht*), IIe partie, titre X, art. 27 à 32 et art. 35).

(2) On peut rapprocher de cette disposition l'article 12 de la loi sur l'organisation de l'industrie du 21 juin 1869, applicable aujourd'hui à tout l'Empire d'Allemagne, et l'article 19 de la loi prussienne du 19 janvier 1845.

(3) Dans le projet du gouvernement, un article faisant suite à l'article 43 (alors art. 36), et portant le n° 37, disposait que les hommes de l'armée active qui étaient obligés, par des raisons de service, de quitter leur domicile, ne demeureraient liés par les contrats de louage dans lesquels ils joueraient le rôle de preneurs, que jusqu'à l'expiration du trimestre courant. Cet article fut rejeté sur la proposition de la commission, qui jugea ce principe contraire à la justice, et plus nuisible qu'utile aux militaires, qui se verraient imposer par les bailleurs des prix de location plus élevés, en prévision de cette résiliation forcée.

(4) Les dispositions de l'article 44, empruntées pour la plupart à la loi prussienne du 8 juin 1860 (art. 4 à 10) et à l'ordonnance royale saxonne du 4 décembre 1867, ont pour but d'introduire l'unité de législation dans la matière des testaments militaires. Cette unification était d'autant plus nécessaire que la diversité des éléments dont se composent les contingents, formés d'hommes appartenant à des États confédérés différents, aurait donné naissance à une véritable confusion et à de grandes incertitudes sur la validité des actes de dernière volonté.

pour les actes testamentaires ordinaires (1). Les règles suivantes doivent être observées :

1° Le droit de faire des testaments militaires privilégiés en temps de guerre ou pendant la durée d'un état de siége, commence pour les personnes ci-dessus désignées au moment où elles ont quitté leurs quartiers ou, dans le cas où il ne leur avait point été assigné de quartiers, au moment où elles ont quitté leur garnison précédente, ou bien au moment où elles y sont attaquées ou assiégées.

Les prisonniers et les otages ont le même droit, tant qu'ils se trouvent au pouvoir de l'ennemi.

2° Les testaments militaires privilégiés sont dressés dans une forme valable :

a) Lorsqu'ils sont écrits et signés de la propre main du testateur ;

b) Lorsqu'ils sont signés de la propre main du testateur, et revêtus, en outre, de la signature de deux témoins, ou d'un auditeur, ou d'un officier;

c) Lorsque, sur la déclaration verbale du testateur, un acte écrit a été rédigé par un auditeur ou un officier, avec l'adjonction de deux témoins ou d'un second auditeur ou officier, que cet acte a été lu au testateur, et qu'il a été signé tant par l'auditeur ou par l'officier que par les témoins ou par le second auditeur ou officier.

Pour les militaires blessés ou malades, les auditeurs et officiers indiqués dans les paragraphes *b* et *c* peuvent être remplacés par des médecins militaires, des employés supérieurs de lazaret ou des aumôniers militaires (2).

3° Les témoins désignés dans le 2° sont des témoins à titre probant; ils n'ont pas besoin d'avoir la capacité de témoins instrumentaires, et les déclarations de l'un d'eux peuvent être acceptées comme constituant une preuve complète.

4° L'acte rédigé dans les formes prescrites par le 2°, paragraphe *c*,

(1) L'article 44 ne laisse subsister que des priviléges de forme. Il existait auparavant, dans certains pays, en faveur des militaires qui testaient, des dispositions privilégiées empruntées au droit romain, touchant au fond même du droit et à la teneur des testaments. Elles ont été supprimées, malgré un amendement du docteur Römer, qui en demandait le maintien.

(2) Le docteur Römer, désirant faciliter la confection des testaments sur le champ de bataille, avait proposé un amendement portant qu'un testament fait pendant le combat serait valable, pourvu que le testateur eût exprimé de vive voix ses volontés suprêmes devant deux témoins, ou devant un auditeur, ou devant un officier. On craignit que ces grandes facilités ne fissent disparaître toute garantie d'authenticité, et l'amendement fut rejeté.

a la force probante d'un acte authentique, au point de vue de son contenu et de la date qui s'y trouve indiquée.

Lorsque l'acte de dernière volonté écrit et signé de la main du testateur, ou simplement signé de sa main (2°, paragraphes *a* et *b*), indique la date à laquelle il a été rédigé, la présomption est en faveur de l'exactitude de cette indication jusqu'à preuve contraire.

Il y a également présomption que cet acte de dernière volonté a été rédigé pendant la durée de la situation exceptionnelle qui autorise la forme privilégiée, s'il a été remis en dépôt à une autorité militaire supérieure pendant la durée de cet état de choses, ou dans le délai de quinze jours après sa cessation, ou s'il est retrouvé parmi les objets laissés par le testateur après sa mort sur le champ de bataille.

5° Les testaments militaires privilégiés perdent leur validité après l'expiration d'une année, à compter du jour où a cessé l'état de mobilisation du corps de troupes auquel appartient le testateur, ou bien du jour où le testateur a cessé d'appartenir au corps de troupes mobilisé, ou bien, enfin, du jour où il s'est trouvé hors du pouvoir de l'ennemi qui le retenait comme prisonnier ou comme otage.

Toutefois, le cours de ce délai est suspendu quand le testateur se trouve d'une manière continue dans l'impossibilité de dresser un autre acte de dernière volonté.

Lorsque le testateur disparaît dans le cours de l'année et que la procédure suivie pour constater sa mort ou déclarer son absence établit qu'on n'a plus eu de nouvelles de lui depuis cette époque, les dispositions de dernière volonté ne perdent point leur validité (1).

Art. 45. — Les restrictions apportées par les lois civiles de l'Empire ou des divers États aux mesures d'exécution forcée judiciaires contre des militaires, s'appliquent à tous les modes d'exécution forcée dirigés contre eux. Tout acte par lequel le débiteur déclarerait à l'avance renoncer à invoquer ces restrictions est nul et de nul effet (2).

Les militaires ne peuvent valablement céder, engager ou trans-

----

(1) Dans le projet du gouvernement, l'article 44 contenait un dernier paragraphe, portant que la désertion du testateur faisait perdre au testament militaire privilégié sa validité, et que le pardon qui pourrait lui être accordé n'en ferait pas revivre la validité. Ce paragraphe fut supprimé à la demande de la commission, qui fit remarquer fort justement que l'effet de cette disposition eût été de frapper les légataires, et non le testateur lui-même, seul coupable.

(2) Cette question est réglée par les articles 651, 683, 718, 719 et 725 du projet de Code de procédure civile.

porter d'une manière quelconque leurs droits au payement de leur solde, de leur demi-solde ou de leur pension qu'autant que l'exécution forcée pourrait en entraîner la saisie. La caisse chargée du payement doit être avisée du transport par la remise d'un acte authentique (1).

Art. 46. — L'obligation pour les militaires de payer les impôts de l'État est déterminée par les lois de chaque pays, en tenant compte de la loi du 13 mai 1870, qui écarte la double contribution (*Bulletin des lois de la Confédération de l'Allemagne du Nord*, p. 119).

Toutefois, la solde des sous-officiers et des soldats et, en cas de mobilisation, la solde de tous ceux qui font partie de l'armée active, ne doit pas entrer en ligne de compte dans l'assiette et la levée des impôts de l'État (2). Il appartient à la législation de chaque État de fixer une réduction de contributions convenable en faveur des sous-officiers et soldats en état de congé et de leurs familles, pour les mois pendant lesquels ils se trouvent au service actif.

Art. 47 (3). — Les militaires en activité de service ne peuvent accepter de fonctions dans l'administration ou la représentation des paroisses, des communes ou des autres groupes d'intérêts communs qu'avec l'assentiment de leurs supérieurs (4).

---

(1) La rédaction de ce second paragraphe de l'article 45 a été développée par la commission, qui a voulu assimiler la situation des employés militaires à celle des employés civils, telle qu'elle est réglée par l'article 6 de la loi sur les fonctionnaires de l'Empire.

(2) Cette disposition fut vivement attaquée dans la discussion. Un député du Wurtemberg, M. Schmid, fit remarquer que, dans ce pays ainsi qu'en Bavière, les revenus militaires, comme tous les autres, étaient frappés d'impôt, de sorte qu'en imposant l'exemption prononcée par la législation prussienne, on innovait sur les législations de ces États, qu'on prétendait respecter dans la phrase suivante; mais plusieurs orateurs, notamment le docteur Delbrück, président de la chancellerie fédérale, firent observer que l'innovation n'était qu'apparente, puisque, dans les divers pays, une exemption d'impôt existait en faveur des sous-officiers et soldats, seuls visés dans l'article 46, § 2.

(3) La commission a donné à l'article 47 une rédaction plus serrée que celle du projet. Le but de cette disposition est d'éviter tout conflit entre les intérêts du service militaire et l'exercice des fonctions politiques. Il a été entendu qu'on réservait la question de savoir si les militaires en service actif restaient membres de leurs communes.

(4) Dans le projet du gouvernement, un article faisant suite à l'article 47 (alors art. 41), et portant le n° 42, exemptait les militaires de l'effectif de paix de toutes les contributions directes communales, à l'exception des charges imposées à une propriété foncière ou à une industrie fixement assise. C'était généraliser dans tout l'Empire un état de choses qui n'existait qu'en Prusse ;

Art. 48. — Les priviléges que la législation des divers États confédérés accorde aux veuves et enfants des fonctionnaires de l'État, au point de vue de l'impôt sur les pensions, secours ou autres indemnités qui leur sont accordés sur les fonds de l'État ou sur les autres caisses publiques de prévoyance, s'appliquent en faveur des veuves et enfants de militaires, au point de vue des allocations de même nature qui leur sont attribuées sur les fonds de l'Empire ou de l'État, ou sur les autres caisses publiques de prévoyance.

Art. 49. — Est suspendu pour les militaires appartenant à l'armée active, à l'exception des employés de l'administration militaire, le droit de prendre part aux élections, soit en vue de la représentation de l'Empire, soit en vue de la représentation de leur pays (1). Les militaires qui conservent leur droit électoral ne peuvent être réunis dans des districts électoraux militaires et spéciaux, pour les élections en vue des représentations nationales ayant pour base le suffrage indirect (2).

mais cette pensée d'une exemption des charges communales en faveur des militaires, conforme aux traditions de l'Allemagne du Nord, répugnait aux populations des États du Sud. La commission, jugeant qu'il y aurait de sérieux inconvénients à fixer dans cet ordre d'idées des règles uniformes et à prendre pour base celles qui avaient prévalu en Prusse, proposa une rédaction nouvelle, aux termes de laquelle les militaires auraient joui, dans chaque État, d'une exemption de contributions communales dans la mesure déjà déterminée par la législation particulière de cet État, pour l'exemption accordée aux employés du gouvernement. M. de Benda fit observer que la question n'était pas suffisamment mûrie pour être tranchée dès à présent, et le *Reichstag* repoussa la rédaction de la commission, comme celle du projet : l'article fut donc rejeté.

(1) Le rapporteur du titre III, le docteur Stephani, fit remarquer que la loi du 31 mai 1869 sur les élections au *Reichstag* (art. 2), privait déjà de tout droit de suffrage les hommes de l'armée active. L'article 49 généralise cette exclusion, en l'étendant à toutes les élections. Un amendement de MM. Hasenclever et autres (socialistes-démocrates) proposait, au contraire, de déclarer que les militaires de l'armée active ne pourraient être empêchés par leurs supérieurs d'exercer le droit électoral qui leur appartient aux termes de la Constitution ; cet amendement ne réunit qu'un petit nombre de voix.

(2) Cette disposition a été ajoutée en troisième lecture au projet primitif, sur une proposition faite lors de la seconde délibération par M. Richter, et à raison des considérations suivantes : il existait en Prusse des districts électoraux spéciaux pour les militaires, lorsqu'ils se trouvaient réunis au nombre de 750 au moins ; la nouvelle loi ne laissant subsister le droit de vote qu'au profit des seuls employés militaires, il devenait dangereux de concentrer entre les mains de ceux-ci une influence politique considérable, en conservant des districts spéciaux.

Il est interdit (1) aux militaires appartenant à l'armée active de prendre part à des associations et à des réunions politiques (2).

TITRE IV.

LIBÉRATION DU SERVICE ACTIF.

Art. 50. — Tous les soldats qui sont libérés des drapeaux après avoir rempli leurs obligations de service actif, passent dans la réserve, dans la *Landwehr* ou dans le *Londsturm*, suivant la durée du service total qu'ils ont accompli (3).

Les hommes de la réserve de remplacement qui ont été appelés au service lors de la mobilisation de l'armée ou de la formation de corps de troupes de remplacement (4), et qui sont congédiés de nouveau lorsque l'armée est ramenée au pied de paix (art. 29), passent, suivant leur âge, dans la réserve ou la *Landwehr* (art. 62), si leur instruction militaire est complète, et, dans le cas contraire, rentrent dans la réserve de remplacement.

Les hommes de la cavalerie qui se sont engagés volontairement à

(1) L'amendement des socialistes-démocrates, qui a été rejeté, proposait, au contraire, de déclarer que les militaires de l'armée active ne pourraient être empêchés par leurs supérieurs de prendre part aux associations et réunions, en dehors du temps consacré au service.

(2) Dans le projet primitif, l'article 49 contenait deux autres paragraphes, qui ont été supprimés sur la proposition de la commission. Le premier portait qu'en temps de guerre les hommes appartenant à l'armée active n'auraient aucun droit à un congé, pour prendre part aux séances du *Reichstag* ou de la représentation nationale de leur pays. D'autre part, l'amendement de MM. Hasenclever et autres proposait, au contraire, de décider que les membres du *Reichstag* faisant partie de l'armée active devraient obtenir des congés pendant la session du Parlement, lorsqu'ils en feraient la demande. On jugea qu'il convenait de ne point édicter de disposition générale à cet égard, afin de laisser les députés qui se trouveraient dans cette situation concilier, suivant leurs propres inspirations, leurs devoirs militaires et leurs devoirs parlementaires, ainsi qu'ils l'avaient fait pendant la guerre de 1870-1871.

Le second paragraphe additionnel exemptait les hommes de l'armée active de tout service comme jurés ou échevins. La législation des divers États confédérés prononçait déjà, en ce qui les concerne, tantôt une exclusion, tantôt une dispense des fonctions de juré. On convint de réserver cette question pour la loi d'organisation judiciaire.

(3) Les dispositions de ce paragraphe s'appliquent à tous les soldats qui ont fait leur temps, aux engagés volontaires et aux hommes de la réserve et de la *Landwehr* qui avaient été appelés sous les drapeaux, comme à ceux qui avaient été incorporés dans l'effectif de paix.

(4) Les mots *ou de la formation de corps de troupes de remplacement*, ont été ajoutés sur la proposition de la commission.

quatre années de service actif, ne servent dans la *Landwehr* que pendant trois années (1).

Les volontaires d'un an qui, pendant la durée de leur service, sont relégués, à titre de punition, parmi les soldats de seconde classe, perdent leur qualité de volontaires d'un an (2) et le droit d'être libérés au bout d'une année de service (3).

Art. 51. — Les instituteurs primaires (*Volksschullehrer*) et les candidats aux fonctions d'instituteur primaire qui ont justifié de leur aptitude à les remplir, en subissant les épreuves prescrites, peuvent obtenir leur congé après s'être exercés sommairement au maniement des armes, en restant à la disposition des corps de troupes.

Si, après avoir obtenu leur congé, ils abandonnent entièrement leur profession première ou quittent pour toujours le service de l'instruction primaire, ils peuvent être rappelés au service actif avant l'expiration de l'année pendant laquelle ils atteignent l'âge de vingt-cinq ans accomplis (4).

Art. 52. — Les soldats qui sont reconnus impropres au service pendant qu'ils remplissent leurs obligations de service actif, doivent être libérés et mis à la disposition des autorités de recrutement (art. 54).

Art. 53 (5). — Les soldats en activité de service peuvent, sur leur demande, être libérés et mis à la disposition des autorités de recrutement s'ils se trouvent placés, depuis le moment où ils ont

---

(1) Ce paragraphe a été ajouté sur la proposition de la commission.

(2) Les mots *leur qualité de volontaires d'un an* ont été ajoutés à la demande de la commission.

(3) En perdant leur qualité de volontaires d'un an et les droits qui y sont attachés, ils cessent aussi d'être soumis à l'obligation de s'équiper et de s'entretenir à leurs frais.

(4) L'article 51, qui est une addition faite par la commission au projet primitif, est emprunté à l'instruction sur le recrutement, qui soumettait les instituteurs primaires et les candidats aux fonctions d'instituteur primaire à six semaines d'exercices militaires. Cette disposition a été inspirée par la pensée de parer à la disette d'instituteurs qui s'est manifestée.

Au cours des observations qu'il présenta, le docteur Lasker, rapporteur du titre IV, mit en relief une pétition signée par soixante-dix-neuf instituteurs des provinces rhénanes, qui déclinaient patriotiquement le bénéfice de ce privilége ; il reconnut toutefois ne pouvoir affirmer que les signataires de cette pétition fussent eux-mêmes sous le coup de la loi militaire et eussent, par conséquent, quelque mérite à repousser l'avantage accordé aux instituteurs.

(5) La commission a entièrement refondu cet article, en complétant le projet du gouvernement par deux dispositions ; la première détermine les autorités qui doivent statuer sur les demandes de libération ; la seconde exclut du bénéfice de l'article les soldats qui se trouvent dans des corps mobilisés.

été appelés sous les drapeaux, dans l'un des cas indiqués en l'article 20, n°° 1 à 5.

La question de savoir si la demande est recevable, est examinée au point de vue des circonstances, par les membres permanents de la commission de remplacement, et tranchée par le général commandant le corps d'armée dans lequel le réclamant accomplit son temps de service (1), qui se concerte à cet effet avec l'autorité centrale ou provinciale du district dans lequel il est né (art. 30-3°, c).

La libération du réclamant n'a lieu qu'à l'époque de la libération générale suivante, à moins qu'une urgence d'un caractère extraordinaire ne rende nécessaire une libération anticipée.

Ces dispositions ne s'appliquent point, en principe, aux soldats qui servent dans des troupes mobilisées.

Art. 54. — Les soldats libérés, mis à la disposition des autorités de recrutement, font partie des hommes en état de congé (titre V), jusqu'à ce qu'il soit statué sur leur situation militaire pour l'avenir (2).

Art. 55. — Les autorités de recrutement statuent sur la situation militaire à venir des hommes libérés mis à leur disposition, d'après les mêmes principes que pour les hommes assujettis au service, mais non encore incorporés, qui appartiennent par leur âge aux mêmes classes.

Toutefois, si ces hommes ont déjà une année de service actif, ou, comme volontaires d'un an, neuf mois de ce service, ils ne devront plus être appelés à nouveau sous les drapeaux pour le service actif, à moins qu'ils ne viennent à se soustraire aux obligations dont l'accomplissement servait de base à leur libération du service militaire, et qu'ils n'aient point encore accompli leur vingt-cinquième année (3).

---

(1) D'après la rédaction de la commission, ce paragraphe conférait aux autorités de recrutement de troisième instance le droit de statuer sur les demandes de libération, après examen des circonstances par les membres permanents de la commission de remplacement. Un amendement de MM. Denzin et Dietze fit prévaloir la compétence du général commandant le corps d'armée.

(2) Dans le projet du gouvernement, ce paragraphe formait un article distinct, portant le n° 48.

(3) La fin de ce paragraphe, à partir des mots *à moins qu'ils ne viennent...*, a été ajoutée sur la proposition de la commission.

TITRE V.

ÉTAT DE CONGÉ (*Beurlaubtenstand*) ET PREMIÈRE CLASSE DE LA RÉSERVE
DE REMPLACEMENT (*Ersatzreserve*) (1).

Art. 56. — Sont placés dans l'état de congé (2) :

1° Les officiers, les médecins, les employés et les soldats de la
réserve et de la *Landwehr* (3) ;

2° Les recrues et volontaires qui ont été provisoirement renvoyés
en congé dans leurs foyers (art. 34) (4) ;

3° Les hommes libérés et mis à la disposition des autorités de recrutement jusqu'à ce qu'il ait été statué sur leur situation militaire
pour l'avenir (art 54) ;

4° Les hommes qui ont obtenu des congés avant d'avoir accompli
leur temps de service actif et ont été mis à la disposition des corps
de troupes (5).

Art. 57 (6). — Les hommes en état de congé sont soumis, pen-

(1) Les traits principaux de ce titre sont empruntés à la loi du 9 novembr
1867 (art. 5 à 8 et 14 à 18), ainsi qu'à l'ordonnance du 5 septembre 1867.

(2) Le chiffre des hommes de l'armée allemande placés dans l'état de congé
s'élèvera, d'après les évaluations mêmes de l'exposé des motifs, à près d'un
million et demi, lorsque toutes les classes seront au complet.

(3) Les obligations de service de ces officiers, médecins et employés sont
déterminées par l'ordonnance prussienne de 1868 et par des ordonnances sem-
blables rendues en Bavière, en Saxe et en Wurtemberg.

(4) Le projet primitif plaçait ici les hommes de la première classe de la
réserve de remplacement, qu'il faisait fusionner avec les hommes en état de
congé. Il y avait là une grave innovation ; en effet, ainsi que le fit observer le
docteur Meyer, rapporteur du titre V, assimiler aux hommes en état de congé
ceux de la première classe de la réserve de remplacement, c'était aggraver la
position de ces derniers, tant au point de vue de leurs obligations militaires
qu'au point de vue de l'application des dispositions du Code pénal militaire.
Aussi la commission a-t-elle proposé et obtenu qu'on les distinguât des
hommes en état de congé, et qu'on leur fît une situation à part qui a été réglée
par l'article 69.

(5) Les hommes visés dans ce 4° sont ceux qui ont été envoyés en congé à
l'expiration de leur deuxième année de service, parce que leur maintien au
moment de l'arrivée des recrues eût fait dépasser les limites budgétaires. En
moyenne, le quart des conscrits est ainsi renvoyé dans ses foyers au bout de
deux années de service ; ils ne sont rappelés au printemps ou à l'automne de la
troisième année que dans une mesure restreinte, et seulement pour combler
les déficits qui ont pu se produire.

Pour le choix des hommes qui doivent être envoyés en congé. on prend en
considération leur situation de famille, leur degré d'instruction militaire et
leur conduite.

(6) Cet article, dont la sanction se trouve dans l'article 113 du Code pénal

dant leur congé, aux mesures nécessaires pour l'exercice de l'inspection militaire. Ils doivent (1) prendre les dispositions voulues pour que les ordres de service de leurs supérieurs et, notamment, les ordres d'appel sous les drapeaux puissent leur parvenir à toute époque.

Ils sont soumis à la discipline militaire dans leurs rapports de service avec leurs supérieurs, ou lorsqu'ils se montrent sous l'uniforme militaire (art. 8).

Des dispositions de détail seront édictées dans une loi spéciale sur le fonctionnement de l'inspection militaire, les exercices et les peines disciplinaires qui peuvent être prononcées contre les hommes en état de congé (2).

militaire (Voir l'*Annuaire de législation étrangère* de 1873, 2ª année), reproduit les dispositions édictées par l'article 15 de la loi du 9 novembre 1867 pour les hommes de la réserve et de la *Landwehr*, en les étendant à tous ceux qui sont en état de congé.

(1) Ici se trouvait, dans le projet du gouvernement accepté par la commission, un membre de phrase portant que les hommes en état de congé devaient obéir aux ordres régulièrement donnés par leurs supérieurs dans les affaires de service. Elle fut supprimée sur les observations de M. de Maltzahn-Gültz, et avec l'assentiment du commissaire fédéral, major Blume, afin d'éviter tout malentendu sur l'application de l'article 113 du Code pénal militaire.

(2) Ce paragraphe a été ajouté à la demande de la commission. Il fut vivement combattu par M. Wehrenpfennig et par le major Blume, qui prétendirent qu'il était dangereux de fixer par une loi les détails de l'inspection, des exercices militaires et de la discipline; ces orateurs firent remarquer que la question des exercices était déjà réglée par la loi du 9 novembre 1867, qui prescrit de réunir la réserve deux fois par an pendant huit semaines, et la *Landwehr* deux fois par an pendant quinze jours; ils ajoutèrent qu'au point de vue disciplinaire, la situation des hommes en état de congé était déjà réglée législativement par l'article 3 de la loi du 22 juin 1872 sur la mise en vigueur du Code pénal militaire (Voir l'*Annuaire de législation étrangère* de 1873, 2ᵉ année, p. 152) et que le règlement disciplinaire fait en exécution de cette loi avait abaissé en faveur des hommes en congé la proportion des peines autorisées par ledit article 3. Mais M. Richter insista pour faire poser le principe d'une loi; il fit observer que la durée des inspections étant la cause d'une perte de temps considérable pour les journaliers, rentrait dans le domaine de la loi et non d'un simple règlement, et qu'il en était de même de l'emploi de moyens disciplinaires vis-à-vis d'hommes qui, n'étant point incorporés, ne portant point l'uniforme et jouissant de leurs droits électoraux, devaient être considérés comme des citoyens plutôt que comme des soldats.

En conséquence, le *Reichstag* adopta le principe d'une loi spéciale.

Lors de la troisième délibération (séance du 22 avril 1874), MM. Denzin, Dietze et autres présentèrent un amendement qui proposait de remplacer le dernier paragraphe de l'article 57 par une disposition conçue en ces termes :

« Les hommes de la *Landwehr* peuvent être convoqués une fois par an et les « autres hommes en état de congé deux fois par an, pour prendre part à des

Art. **58**. — Lorsqu'il est procédé à une mobilisation générale, tous les hommes en état de congé qui se trouvent à l'étranger doivent revenir immédiatement dans leur pays, à moins qu'ils n'en soient dispensés en termes exprès.

Art. **59** (1). — En temps de paix, les hommes de la réserve et de la *Landwehr* qui veulent se rendre dans des pays situés hors d'Europe, peuvent obtenir des congés de deux ans, avec dispense des obligations de service ordinaires, mais à la condition de revenir en cas de mobilisation.

Si l'homme en congé prouve, au moyen de certificats délivrés par les consuls, qu'il s'est créé, dans un des pays ci-dessus mentionnés, un établissement fixe comme négociant, industriel, etc., le congé peut être étendu jusqu'à l'époque de la libération de toute obligation militaire, avec dispense de retour en cas de mobilisation. Cette disposition n'est point applicable aux pays situés sur les côtes de la mer Méditerranée et de la mer Noire.

Art. **60**. — Doivent, en outre, être observées les dispositions suivantes (2) :

1° Les officiers et les médecins ayant rang d'officier en état de congé, ainsi que les hommes désignés dans l'article 56-2° 3° et 4°, ne peuvent abandonner leur nationalité qu'avec l'assentiment de l'autorité militaire, à moins d'établir qu'ils ont acquis la nationalité d'un autre État confédéré (3).

2° Les officiers et les médecins ayant rang d'officier en état de congé qui émigrent sans autorisation, sont punis d'une amende qui ne peut être supérieure à 3,000 marcs, ou d'un emprisonnement qui ne peut excéder six mois (4).

« réunions d'inspection, lesquelles devront être combinées de manière à n'en-
« lever les hommes en état de congé à leurs affaires privées que pendant
« une journée au plus, y compris le temps nécessaire pour se rendre au lieu
« de réunion et en revenir. » Après des observations échangées entre le major-
général de Voigts-Rhetz et M. Richter, l'amendement Denzin fut rejeté, et le
paragraphe maintenu dans les termes adoptés en seconde lecture

(1) Cet article, ajouté par la commission, a été emprunté à l'article 20, n°ˢ 1,
2, 3 et 5 de l'ordonnance du 5 septembre 1867, sur l'organisation de la *Landwehr*.

(2) Le 1° et le 3° de cet article diffèrent du projet primitif par de simples
détails de rédaction.

(3) Cette disposition figurait déjà en termes exprès dans l'article 15-2° de la
loi du 1ᵉʳ juin 1870, et a sa sanction dans l'article 5 du Code pénal militaire.

(4) Le projet du gouvernement, dans une phrase additionnelle au 1° de l'article 60, déclarait les officiers et médecins en état de congé soumis, comme les
hommes en service actif, aux dispositions du chapitre III du Code pénal militaire sur l'absence sans autorisation et la désertion, et à celles du chapitre IV
sur la mutilation de soi-même et la simulation d'infirmités. Parmi ces dispo-

3° Les hommes désignés dans l'article 56-2°, 3° et 4° sont soumis, de la même manière que ceux du service actif, aux dispositions du chapitre III du Code pénal militaire du 20 juin 1872, sur l'absence sans autorisation et la désertion, et aux dispositions du chapitre IV du même Code sur la mutilation de soi-même et la simulation d'infirmités.

4° Les recrues et les volontaires qui rentrent provisoirement en congé dans leurs foyers ont besoin, pour se marier, de l'assentiment de l'autorité militaire.

5° Les hommes en congé mis à la disposition des corps de troupes peuvent être rappelés sous les drapeaux à toute époque, jusqu'à l'expiration de leur troisième année de service, et ne peuvent, jusqu'à ce moment, changer le lieu de leur résidence sans l'assentiment de l'autorité militaire.

Art. 61 (1). — A tous les autres points de vue, les lois générales du pays sont applicables aux hommes en état de congé, et ils ne sont soumis à aucune restriction en ce qui concerne le choix du lieu de leur résidence, tant en Allemagne qu'à l'étranger, l'exercice de leur profession, leur mariage et leurs autres rapports civils.

Art. 62. — Les hommes de la réserve et de la *Landwehr* sont répartis, suivant l'ancienneté de leur service, en classes déterminées par années.

Le temps de service dans la réserve et dans la *Landwehr* est sup-

sitions, il en est une qui les atteint incontestablement, celle de l'article 68 du Code pénal militaire, combiné avec l'article 67, punissant de la privation de la liberté pendant six mois à cinq ans les personnes en état de congé qui, après que les préparatifs de guerre ont été connus et que la mobilisation a eu lieu, ne se rendent point à l'appel au service. Il était de toute évidence que cette disposition devait être maintenue, mais l'effet de la phrase additionnelle, telle qu'elle était rédigée, était d'assimiler les officiers en état de congé, c'est-à-dire ceux de la réserve et de la *Landwehr*, aux officiers de l'armée active, et d'assimiler toute absence de leur part à une désertion, bien qu'en réalité ils ne fussent pas au service. M. de Maltzahn-Gültz proposa un amendement faisant tomber l'officier de la réserve ou de la *Landwehr* qui émigre sans autorisation sous l'application de l'article 64 du Code pénal militaire, lequel punit d'une peine privative de la liberté pendant six mois celui qui s'éloigne de sa troupe ou du lieu où son service l'oblige de se trouver, ou qui dépasse les limites du congé qui lui a été accordé. Cet amendement proposait en outre d'appliquer à l'instruction de l'affaire les dispositions de l'article 2 de la loi du 22 juin 1872 (Voir l'*Annuaire de législation étrangère* de 1873, 2ᵉ année, p. 151-152 sur la répression des désertions par voie de procédure par contumace. Il fut rejeté, et le *Reichstag* adopta le 2° de l'article 60 dans les termes rédigés par la commission.

(1) L'article 61 formait, dans le projet primitif, le dernier paragraphe de l'article précédent. Il en a été détaché par la commission, et reproduit à peu près textuellement.

puté à compter du même point de départ que le temps du service actif, même lorsqu'il y a eu une interruption dans l'accomplissement de celui-ci (1). Le passage de la réserve dans la *Landwehr*, ainsi que la libération de la *Landwehr*, ont lieu au moment des réunions d'inspection d'automne de l'année correspondante (2).

Les hommes qui, par suite d'une faute personnelle (art. 18 du Code pénal militaire du 20 juin 1872), ne sont libérés que tardivement du service actif, entrent toujours dans la plus jeune classe de la réserve.

Les obligations de service, dans la réserve et la *Landwehr*, des hommes qui ont appartenu à la réserve de remplacement (art. 50), doivent être calculées comme s'ils avaient été levés dans la première année après qu'ils avaient atteint l'âge qui assujettit au service militaire.

Art. 63. — Lorsqu'il est nécessaire de renforcer ou de mobiliser l'armée, les hommes en état de congé sont appelés sous les drapeaux suivant les besoins, mais dans les limites des dispositions de la loi du 9 novembre 1867 sur l'obligation du service de guerre (3); autant que les intérêts militaires le permettent, cet

(1) Aux termes de l'article 6, 3ᵉ alinéa, de la loi du 9 novembre 1867, le point de départ du service actif est le 1ᵉʳ octobre, sauf pour les hommes, en très-petit nombre, qui sont incorporés entre le 1ᵉʳ avril et le 30 septembre. La commission, voulant tenir compte de la situation particulière de ceux-ci, avait proposé d'ajouter la phrase suivante, empruntée à l'article 7-1° de l'ordonnance sur la *Landwehr* : « Toutefois, les hommes dont le temps de service dans « la réserve ou la *Landwehr* expire dans le temps compris entre le 1ᵉʳ avril et « le 30 septembre doivent être versés. sur leur demande, dans la *Landwehr* ou « dans le *Landsturm*, au moment précis où ils ont accompli leurs obligations « de service. » Le major Blume fit observer que l'adoption de cette disposition pourrait avoir pour effet d'affaiblir l'effectif de guerre, et cita des chiffres à l'appui; il fit connaître notamment que, dans l'été de 1871, on avait incorporé un peu plus de 31,000 hommes et que si l'on décidait en principe de les libérer à une date correspondante, c'est-à-dire dans l'été de 1883, il en résulterait un déficit d'un chiffre égal. Le paragraphe additionnel proposé par la commission fut rejeté.

(2) Les inspections d'automne ont lieu chaque année du 1ᵉʳ octobre au 15 novembre, conformément à l'article 45 de l'ordonnance du 5 septembre 1867; elles servent de base aux travaux préparatoires de mobilisation de l'année suivante.

Il y a aussi des inspections de printemps; les hommes de la *Landwehr* n'y sont pas appelés, mais ils doivent, à l'expiration de leur temps de service, se présenter à l'inspection d'automne pour se faire délivrer un acte de libération en règle.

(3) La même loi du 9 novembre 1867 (art. 5 à 8) réglemente l'appel sous les drapeaux des hommes de la réserve et de la *Landwehr* pour les cas où il est nécessaire de renforcer ou de mobiliser l'armée.

appel sous les drapeaux a lieu par classe, en commençant par la plus jeune.

Art. 64. — A ce moment peuvent être prises en considération des situations de famille ou de profession pressantes, en ce sens que des hommes de la réserve peuvent être reportés temporairement derrière la dernière classe de la réserve de leur arme ou de leur catégorie de service, et que des hommes de la *Landwehr* ou même, dans des cas particulièrement pressants, des hommes de la réserve peuvent être reportés temporairement derrière la dernière classe de la *Landwehr* de leur arme ou de leur catégorie de service (1).

Toutefois, dans aucun district de recrutement, le nombre des hommes reportés derrière la dernière année de la réserve ne peut dépasser deux pour cent de la réserve, ni le nombre des hommes reportés derrière la dernière année de la *Landwehr* dépasser trois pour cent de la réserve et de la *Landwehr* (2).

Ce report en arrière est sans effet sur la durée totale du temps de service (3).

Art. 65 (4). — Les employés de l'Empire, des États ou des communes, ainsi que les préposés des chemins de fer, qui appartiennent à la réserve ou à la *Landwehr*, peuvent, dans le cas où il devient nécessaire de mobiliser ou de renforcer l'armée, être reportés derrière la plus ancienne année de la *Landwehr*, si leurs emplois ne peuvent être laissés vacants, même d'une façon passagère, et s'il n'est pas possible de les faire remplacer d'une manière convenable.

Les hommes en état de congé et les hommes de la réserve de remplacement (5) qui remplissent un ministère sacerdo-

---

(1) M. de Landsberg-Steinfurt proposa un amendement portant qu'en cas de déclaration de guerre les hommes reportés jusqu'après la dernière année de la *Landwehr* ne pourraient être appelés sous les drapeaux qu'après ceux de la deuxième classe de la réserve de remplacement, et de la manière prescrite en l'article 27. Cet amendement fut rejeté.

(2) Ce paragraphe, emprunté à l'article 3 de l'appendice à l'ordonnance sur l'organisation de la *Landwehr*, a été ajouté sur la proposition de la commission.

(3) L'article 36 de la présente loi doit naturellement recevoir son application pour les frais de ces opérations en vue d'ajournement.

(4) Les dispositions des articles 65 et 66 ont pour base une décision du ministère d'État de Prusse en date du 22 janvier 1851, complétée par d'autres décisions des 23 janvier et 19 juillet 1850, 25 février 1860 et 9 mars 1864.

(5) Dans le projet primitif, l'application de ce paragraphe était restreinte aux hommes en état de congé; l'adoption d'un amendement du docteur Lasker la fit étendre aux hommes de la réserve de remplacement.

M. Hauck avait demandé, au contraire, la suppression des mots *en état de*

tal (1) dans une association religieuse jouissant, sur le territoire de
la Confédération, des droits d'une corporation, ne sont point appelés à servir les armes à la main. Les dispositions du premier paragraphe du présent article leur sont, en outre, applicables (2).

Art. 66. — Les employés de l'Empire, des États et des communes ne doivent éprouver aucun préjudice, dans leur situation
administrative, par suite de leur appel sous les drapeaux.

Leurs places, leurs appointements personnels et leurs rangs d'ancienneté, ainsi que tous les droits qui en découlent pour eux, leur sont
conservés pendant le temps qu'ils passent au service militaire. S'ils
reçoivent la solde d'officier, le produit net de cette solde peut être
précompté sur leurs appointements civils; mais cette déduction ne
peut être opérée vis-à-vis de ceux qui ont un ménage personnel,
avec femme ou enfant, lorsqu'ils quittent le lieu de leur domicile,
qu'autant que le produit net de leurs appointements civils, réuni
à leur solde militaire, dépasse un total de 3,600 marcs par an (3).

La situation des employés civils qui ont une pension ou un trai-

congé, afin d'étendre le même avantage à tous les ecclésiastiques. Il se rallia à
l'amendement de M. Lasker.

(1) Après les mots « ministère sacerdotal » (*geistliches Amt*), la commission
proposait d'ajouter les mots *oder seelsorgerisches* (littéralement « ou voué aux
soins de l'âme »), afin de bien indiquer que les rabbins étaient compris dans
cette disposition; en effet, une déclaration précédemment faite par le ministre
des cultes dans le *Landtag* prussien pouvait faire craindre que les mots *geistliches Amt* n'eussent point d'application directe aux prêtres israélites.

M. Wehrenpfennig prit la parole dans la discussion publique, et constatant
qu'on était d'accord pour étendre aux rabbins les dispositions de l'article 65,
demanda la suppression des mots *oder seelsorgerisches*; il exprima la crainte que
les catholiques vinssent à s'en prévaloir, à leur tour, au profit de tous ceux
qui se trouveraient revêtus du caractère ecclésiastique, alors même qu'ils
n'exerceraient pas un ministère sacerdotal. Le prince Radziwill insista, au
contraire, pour qu'on laissât au pouvoir exécutif le soin de décider dans quelle
mesure le bénéfice de l'article 65, § 2, pourrait être accordé aux prêtres non
pourvus d'une mission déterminée. Les mots *oder seelsorgerisches* furent supprimés.

(2) Cette dernière phrase du second paragraphe de l'article 65 a été ajoutée
sur la proposition de la commission.

(3) La somme de 3,600 marcs représente à peu près 4,500 francs.
MM. de Wödtke et de Gerlach proposèrent un amendement qui n'autorisait à
précompter la solde d'officier des employés sur leurs appointements civils que
dans le cas où ils seraient maintenus au lieu de leur résidence. Le docteur
Delbrück, président de la chancellerie fédérale, fit repousser cet amendement,
en soutenant qu'il créait aux employés de l'Empire une situation privilégiée
par rapport aux autres catégories de citoyens appelés sous les drapeaux, qui
ne reçoivent aucune compensation pour les charges que leur incorporation
leur impose.

tement de disponibilité doit être réglée d'après les mêmes principes, au point de vue de cette pension ou de ce traitement, lorsqu'ils entrent au service de guerre par l'effet d'une mobilisation.

Le soin d'édicter des dispositions de détail est laissé aux gouvernements des divers États confédérés.

Art. 67. — Les hommes en état de congé qui se dérobent à l'inspection pendant plus d'une année, ou qui négligent, sans excuse reconnue valable, de se rendre à un ordre de service, peuvent être rejetés dans la classe qui vient après celle de leur année, avec prolongation de la durée de leur service, sans préjudice de toute autre peine qui pourrait être prononcée contre eux. Si leur absence aux inspections dure deux années ou davantage, ils peuvent être proportionnellement rejetés plus loin (1).

Art. 68. — Les hommes en état de congé qui, après avoir émigré (2), se font naturaliser de nouveau avant l'accomplissement de leur trente et unième année, rentrent dans la classe de l'année à laquelle ils auraient appartenu s'ils n'avaient point émigré (3).

Art. 69 (4). — Les hommes de la première classe de la réserve de remplacement sont soumis aux dispositions suivantes :

1° Les articles 63 et 64 leur sont applicables, au point de vue de l'ordre de l'appel sous les drapeaux et de la prise en considération des situations de famille et de profession, en cas d'appel.

2° Ils doivent annoncer à l'autorité militaire leurs changements de domicile, et prendre les dispositions nécessaires pour que tout ordre d'appel sous les drapeaux puisse leur parvenir exactement à toute époque.

3° En cas de besoin extraordinaire, ils peuvent être appelés par ordonnance impériale à des réunions d'inspection.

4° En cas de mobilisation générale, les hommes de la première classe de la réserve de remplacement qui se trouvent à l'étranger

(1, Le projet du gouvernement et le premier projet de la commission portaient ces mots : « ils *seront* rejetés ». La commission proposa plus tard elle-même la nouvelle rédaction, qui rend ce rejet facultatif.

(2) Aux termes de la loi du 1ᵉʳ juin 1870 sur l'acquisition et la perte de la nationalité, ni les hommes de la réserve, ni ceux de la *Landwehr* n'ont besoin pour émigrer de l'autorisation de l'autorité militaire.

(3) Le projet primitif portait ces mots : *doivent servir, en principe, parmi les hommes en état de congé pendant un temps égal à celui de leur absence.* C'est la commission qui a fait substituer à ce texte la rédaction actuelle.

(4) L'article 69 a été ajouté à la demande de la commission qui, ainsi qu'on l'a vu, a fait prévaloir la pensée de créer pour les hommes de la première classe de la réserve de remplacement une situation spéciale, distincte de celle des hommes en état de congé.

doivent rentrer immédiatement dans leur pays ; ils peuvent être affranchis de cette obligation dans le cas prévu par l'article 59.

5° En cas de mobilisation ou de commencement de formation de corps de troupes de remplacement, ils doivent aussitôt obéir à l'appel ; s'il y a résistance, les dispositions du chapitre III du Code pénal militaire du 20 juin 1872, relatives aux hommes en état de congé, leur sont applicables.

6° Les hommes de la première classe de la réserve de remplacement qui se dérobent aux inspections imposées par la loi, sont punis d'une amende qui ne peut être supérieure à 60 marcs, ou d'un emprisonnement qui ne peut excéder huit jours. Indépendamment des peines qui doivent être ainsi prononcées, ils peuvent être rejetés dans la classe qui vient après celle de leur année, avec prolongation de la durée de leur service. Si leur absence aux inspections dure deux années ou davantage, ils doivent être proportionnellement rejetés plus loin, mais jamais au-delà de leur trente et unième année accomplie.

7° Les hommes de la première classe de la réserve de remplacement qui, après avoir émigré, se font naturaliser de nouveau avant l'accomplissement de leur trente et unième année, rentrent dans la classe de l'année à laquelle ils auraient appartenu s'ils n'avaient point émigré.

8° Hors le cas d'une ordonnance spéciale pour la durée d'une guerre ou d'un danger de guerre (art. 17 de la loi du 1er juin 1870, *Bulletin des lois de la Confédération*, p. 355), ils n'ont besoin d'aucune autorisation pour émigrer. Ils sont tenus, toutefois, de donner avis de leur projet d'émigration à l'autorité militaire. L'omission de cet avis est frappée de la peine édictée en l'article 360 du Code pénal de l'Empire d'Allemagne.

Art. 70 (1). — Toutes les autorités de l'Empire, des États et des communes sont tenues, dans la limite de leurs attributions légales, de donner leur appui aux autorités militaires, lors de l'inspection et de la réglementation de la situation militaire des hommes en état de congé et des hommes de la première classe de la réserve de remplacement, et, notamment, lors de leur appel sous les drapeaux (2).

---

(1) Cet article n'a été modifié par la commission que dans des détails de rédaction, notamment par l'addition des mots *et des hommes de la première classe de la réserve de remplacement*, addition rendue nécessaire par la situation spéciale faite aux hommes de cette catégorie.

(2) Ainsi qu'on l'a fait remarquer, le concours des autorités civiles, notamment des officiers de police, des officiers municipaux, des officiers de l'état

DISPOSITIONS FINALES.

Art. 71. — Les dispositions en vue d'assurer l'exécution des titres II, IV et V de la présente loi, seront édictées par l'empereur.

Art. 72 (1). — La présente loi est applicable en Bavière, d'après les dispositions du traité d'alliance du 23 novembre 1870 (*Bulletin des lois de la Confédération*, 1871, p. 9), chap. III, art. 5, et en Wurtemberg, d'après les dispositions de la convention militaire des 21-25 novembre 1870 (*Bulletin des lois de la Confédération*, 1870, p. 658) (2).

civil, des consuls, etc., est particulièrement utile aux autorités militaires pour leur permettre de rechercher le lieu de residence des hommes en état de congé qui manquent aux inspections, et de leur faire parvenir promptement les ordres d'appel en cas de mobilisation.

(1) M. Krüger, député du Schleswig du Nord, déposa sur cet article un amendement ainsi conçu : « Les dispositions de la loi militaire de l'Empire « d'Allemagne ne sont pas applicables aux communes du duché de Schleswig « qui, dans les élections pour le *Reichstag*, ont donné la majorité à un can- « didat réclamant la prompte exécution de l'article 5 du traité de Prague du « 23 août 1866. »

Cet amendement, dont M. Krüger prit texte pour renouveler ses protestations contre la violation du traité de Prague, a été rejeté.

(2) Dans la discussion générale (séance du 13 avril 1874), le rapporteur de la loi, M. Miquél, avait examiné les charges nouvelles résultant de l'augmentation du budget de la guerre, et les avait évaluées à 16,700,000 thalers, dont 2,000,000 seulement nécessités par la présente loi. Ces charges devant être couvertes en partie par des accroissements de recettes sur certains chapitres du budget général, la contribution matriculaire, c'est-à-dire l'impôt que les divers États fournissent proportionnellement à leur population, aux termes de l'article 70 de la Constitution, pour parer à l'excédant des dépenses communes sur les recettes, ne se trouvait augmentée que de 0 thaler 211 (environ 0 fr. 80) par tête d'habitant, ce qui porterait à 2 fr. 50 par tête le total de la cote matriculaire.

L'ensemble du budget de la guerre s'élève à 109 millions de thalers (environ 409 millions de francs).

2916. — Paris. — Imprimerie Arnous de Rivière et Cᵉ, 26, rue Racine.

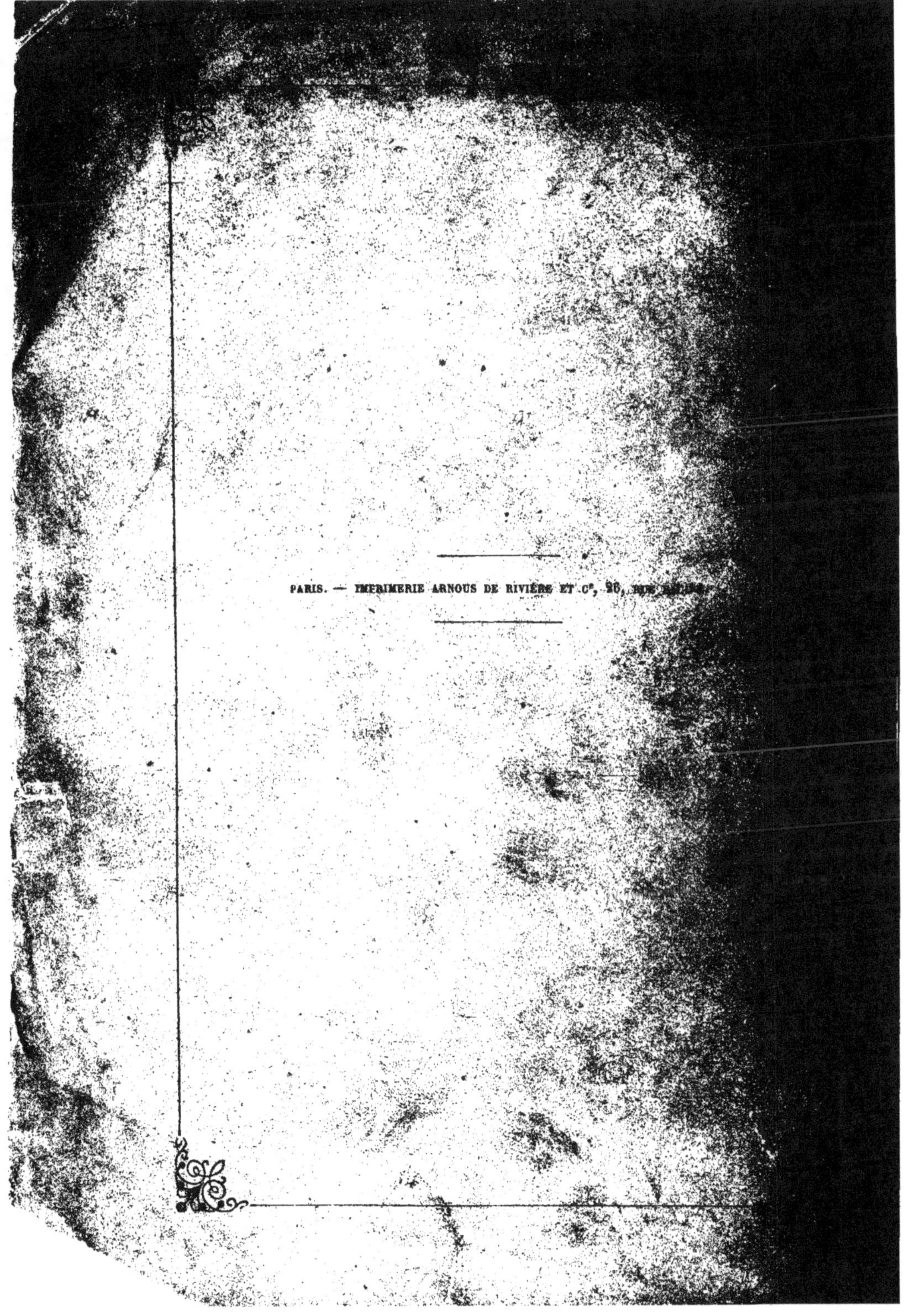

PARIS. — IMPRIMERIE ARNOUS DE RIVIÈRE ET Cᵉ, 26, RUE [illegible]

www.ingramcontent.com/pod-product-compliance
Lightning Source LLC
LaVergne TN
LVHW011509180726
843503LV00008BA/3584